U0833787

初级会计实践教程

主　编：张　莉　李喜云　安佳慧

副主编：龚　晨　庄　鑫　李　伟　李丽丽

主　审：杨　栩

HEUP 哈爾濱工程大學出版社

内容简介

本书以提高学生实践操作能力为目的，以促进学生综合素质提高为己任，注重基础会计理论与实践操作技能的密切结合，总体规划上侧重于对学生理论应用能力的培养。

本书适用于高等院校财务管理专业、会计专业及工商管理等相关专业的实践教学环节，可用于专科学校会计、财务管理专业的实践教学环节，也可作为在职财会人员进一步系统学习会计实践过程的参考书。

图书在版编目(CIP)数据

初级会计实践教程 / 张莉，李喜云，安佳慧主编
.—哈尔滨：哈尔滨工程大学出版社，2017.11

ISBN 978-7-5661-1717-5

Ⅰ.①初… Ⅱ.①张… ②李… ③安… Ⅲ.①会计学
－教材 Ⅳ.①F230

中国版本图书馆CIP数据核字(2017)第268981号

选题策划 龚 晨
责任编辑 张忠远
封面设计 博鑫设计

出版发行 哈尔滨工程大学出版社
社　　址 哈尔滨市南岗区南通大街145号
邮政编码 150001
发行电话 0451-82519328
传　　真 0451-82519699
经　　销 新华书店
印　　刷 黑龙江龙江传媒有限责任公司
开　　本 787mm × 1092mm 1/16
印　　张 13.5
字　　数 370千字
版　　次 2017年11月第1版
印　　次 2017年11月第1次印刷
定　　价 35.80元

http://www.hrbeupress.com

E-mail:heupress@hrbeu.edu.cn

前 言

会计理论应用于实践，历来是会计教育中需要重点解决的问题。在基础会计学理论教学中，由于学生初涉会计学科，具有感性认识弱，理论教学较为抽象，难以真正理解、消化和掌握的特点。本教材以提高学生实践操作能力为目的，以促进学生综合素质提高为己任，注重基础会计理论与实践操作技能的密切结合，从会计循环入手，模拟企业会计循环，将各环节结合起来，以强化学生对会计学理论构架的认识和理解，侧重于对学生理论应用能力的培养，为下一步财会专业知识的学习及未来从事会计工作建立良好的理性和感性认识。

《初级会计实践教程》在齐齐哈尔大学、佳木斯大学、黑龙江交通职业技术学院、齐齐哈尔铁路工程学校等院校使用多轮次，以及多次用于企业财务人员培训后，经过编者的不断总结，吸收各方宝贵意见，结合 2006 年 2 月出台的《企业会计准则》的最新变化，重新组织编写修订。本次重新安排编写，更加突出会计原理与会计实际工作的结合，尽可能模拟企业会计工作的实际过程，使学生从中感受到实际会计工作的经历。

本教材体系结构严谨、完整、科学，内容丰富，紧密结合实际，实用性强，适用于高等院校财务管理专业、会计专业及工商管理等相关专业的实践教学环节，可用于专科学校会计、财务管理专业的实践教学环节，也可作为在职财会人员进一步系统学习会计实践过程的参考书。

参加本书编写工作的有齐齐哈尔大学、哈尔滨工程大学、西安财经学院、浙江财经学院、黑龙江交通职业技术学院等单位。本书由张莉、李喜云、安佳慧主编，龚晨、李伟、庄鑫、李丽丽担任副主编，杨栩担任主审。具体分工为：实训二和实训三由李喜云编写；实训一、实训四和实训五由安佳慧编写；实训七由龚晨编写；实训八由龚晨、李伟和李丽丽编写；实训九由龚晨、庄鑫编写；实训六、综合实训和工作规范由张莉编写。

本书在编写出版过程中得到了许多专家的热情支持和帮助，哈尔滨工程大学管理学院杨栩教授在百忙中审阅了全书并担任了主审。本书编写过程中还得到了齐齐哈尔大学经济与管理学院院长王维教授、财务管理系系主任武志勇副教授的大力支持和热情指导，在此表示深深的感谢。

本书是集体智慧的结晶。在编写过程中，我们特别吸收了会计理论的最新研究成果，并以最新的会计准则为准绳，融进了作者多年会计实践教学经验。同时，也参阅和借鉴了部分同类教材和有关文献。在此，向这些成果的作者表示衷心的感谢。

由于时间比较仓促，加之作者水平有限，如有不当之处，恳请广大读者批评指正。

编者

2017 年 9 月

目　录

第一部分　单项实训

第二部分　综合实训

第一部分　单项实训

会计单项实训基本资料：
企业名称：齐齐哈尔华齐乳品厂
开户银行：中国工商银行齐齐哈尔分行建华支行
企业账号：201-01369426-521
纳税人登记号：230202520213883
注：各种会计凭证上应加盖的公章或名章均省略

实训一　填制及审核原始凭证

一、实训目的

能正确填制原始凭证，准确反映经济业务的发生情况；通过审核能查证原始凭证是否合法、合理及合乎规范，并能据此准确把握经济业务的发生情况，为下一步完成账务处理做好准备。

二、实训内容

对外来原始凭证进行审核；按所给出的业务说明，填写自制原始凭证（小组内相互审核）。

三、 实训要求

1. 每张凭证必须按规定的格式和内容逐项填写齐全，不得省略或漏填；经办业务的有关人员和部门负责人（可由实训小组组长担任）必须认真审查并签名或盖章，对凭证所反映的业务的真实性、可靠性负责，以明确责任。

2. 数字及文字要按会计书写规范填写。

3. 两联或两联以上的套写凭证，应选用圆珠笔书写，并且写透，以免上联清楚下联模糊、辨认不清。

4. 各种凭证必须连续编号，对统一装订成册印制的凭证，有编号的可不再另编号码。由于填写有误或其他原因需作废时，应加盖作废戳记或用红笔手写“作废”字样，对于多联凭证要保持各联完整，以备核查。

5. 经办业务的人员，必须按会计制度的规定在经济业务实际发生或完成时及时填写相应的原始凭证，日期必须是填写凭证的当日，即使因故未能及时填写的，也不能改变填写日期使其提前或滞后，并按规定的程序及时送交有关部门（由实训小组组长或其他组员担任有关部门承办人员进行审核，指导教师监督执行）。

6. 省、市、县等内容要标明，如“上海市”，若不标明市县则会造成误解。

7. 对收付款业务填写的相关现金、银行存款收付款票据，应加盖现金（转账）收（付）讫章。

四、书写规范

1. 数码字（阿拉伯数字）书写规范

阿拉伯数字书写规范是指要符合手写体的规范要求。阿拉伯数字，是世界各国的通用数字，书写的顺序是由高位到低位，从左到右依次写出各位数字。

（1）高度

每个数码字要紧贴底线书写，其高度占全格的1/2。除6、7、9外，其他数码字高低要一致。“6”的上端比其他数码字高出1/4，“7”和“9”的下端比其他数码字伸出1/4。

（2）角度

各数码字的倾斜角度要一致，一般要求上端向右倾斜60°。

（3）间距

每个数码字要大小一致，数码字排列应保持同等距离，每个字上下左右要对齐。在印有数位线的凭证、账簿、报表上，每一格只能写一个数字，不得几个字挤在一个格里，也不得在数字中间留有空格。

（4）字体

要保持个人的独特字体和本人的书写特色，使别人难以模仿或涂改。

除此之外，不要把“0”和“6”、“1”和“7”、“3”和“8”、“7”和“9”写混。在阿拉伯数字的整数部分，可以从小数点起向左按“三位一节”空1/4汉字的位置或用分位点“，”分开。

2. 中文大写数字的书写规范

中文大写数字是用于填写需要防止涂改的销货发票、银行结算凭证、收据等，因此，在书写时不能写错。如果写错，则本张凭证作废，需重新填制凭证。

（1）大写金额前要冠以“人民币”字样，“人民币”与金额首位数字间不留空位，数字之间更不能留空位，写数与读数顺序要一致。

（2）人民币以元为单位，元后无角分的需要写“整”字。如果到角为止，角后也可以写“整”字；如果到分为止，分后不写“整”字。

（3）金额数字中间连续几个“0”字时，可只写一个“零”字。如500.70元，应写作人民币伍佰元零柒角整。

（4）表示位的文字前必须有数字，如拾元整应写作壹拾元整。

（5）切忌用其他字代替，如“零”不能用“另”代替、“角”不能用“毛”代替等。

五、实训资料及实训备品

1. 原始凭证示例

（1）外来原始凭证示例（第6页）。

（2）自制原始凭证示例（第8页）。

2. 业务说明 [凭证附后（第13页）]

（1）4月1日，办公室李岩来报办公用品费212元。

（2）4月1日，收到银行转来的委托收款凭证的付款通知联。

（3）4月2日，开出现金支票一张，提取现金200元备用。

（4）4月2日，开出转账支票一张，支付前欠齐齐哈尔市农牧厂货款8 700元。

（5）4月3日，收到齐齐哈尔市兴华商场开来转账支票一张（8 000元），填制进账单送存银行。

（6）4月3日，销售甜粉办理托收承付单据，委托银行收取吉林市大华商店货款117 000元，合同号为：20010401，产品已由铁路发运，数量为500箱（大华商店纳税号：220203857283011，账号：623201610021，开户行：吉林市中行），附带增值税发票（税率 17%）。

（7）4 月 3 日，将收取的现金收入 845 元填制现金存款单送存银行。

（8）4 月 4 日，顾客购婴儿奶粉一箱，金额 234 元，开普通发票。

3. 原始凭证的填写与审核

（1）审核外来原始凭证。

（2）根据业务说明填写自制原始凭证，并且小组内互相审核所填写内容是否符合填写要求。

外来原始凭证示例：

委邮　　**委托收款凭证（付款通知）5**　　委托号码：

委托日期：2016 年 3 月 18 日　　付款期限：　年　月　日

付款人	全　称	齐齐哈尔华齐乳品厂	付款单位	全　称	齐市电业局		
	账号或地址	201－01369426－521		账号或地址	201－00456321－871		
	开户银行	工商行齐市分行建华支行		开户银行	工商行建华支行	行号	201
托收金额	人民币（大写）肆万叁仟陆佰元整				￥ 43 600.00		
款项内容	电费	委托收款凭据名称	电费结算单	附寄单证张数	2		
备注：	付款人注意： 1. 根据结算方法，上列托收款项，如超过承付期限并未拒付时，即视同全部承付。如系全额支付即以此联代通知支款；遇延付或部分支付时，再由银行另送延付或部分支付的支款通知。 2. 如需提前承付或多承付时，应另定书面通知送银行办理。 3. 如系全部或部分拒付，应在承付期限内另填拒绝承付理由书送银行办理。						

此联是付款人开户银行给付款人按期付款的通知

单位主管：　会计：　复核：　记账：　付款人开户银行盖章　3 月 20 日

中国工商银行**托收承付**结算凭证（承付/支款 通知）**5**

托收号码：

承　付　期　限	
到期　年　月　日	

委托日期：2016 年 3 月 18 日

付款人	全　称	大禹集团	付款人	全　称	齐齐哈尔华齐乳品厂
	账　号	02573896382－22011		账　号	201－01369426－521
	开户银行	建行哈市分行南岗支行		开户银行	工商行齐市分行建华支行
托收金额	人民币（大写）叁拾捌万元整			￥ 380 000.00	
附寄单证张数或册数		商品发运情况		合同名称号码	
4		铁路货运		购销合同 20010301	
备注： 电划		付款人注意： 1. 根据结算方法，上列托收款项，如超过承付期限并未拒付时即视同全部承付。如系全部支付即以此联代支款通知；如遇延付或部分支付时，再由银行另送延付或部分支付的支款通知。 2. 如需提前承付或多承付时，应另写书面通知送银行办理。 3. 如系全部或部分拒付，应在承付期限内另填拒绝承付的理由书送银行办理。			

单位主管：　会计：　复核：　记账：　付款人开户银行盖章　3 月 25 日

黑龙江工商统一发票

No. 1256752

开票日期：2016 年 3 月 26 日　　发票联　　齐国税（00 － 23）

购货单位	名　称	齐齐哈尔华齐乳品厂	销货单位	名　称	华青百货公司
	税务登记号	230202520213883		税务登记号	230203517637219

编号	货物或应税劳务名称	规格型号	计量单位	数量	单价	金额 百	十	万	千	百	十	元	角	分
	胶水		瓶	10	1.80					¥	1	8	0	0
	黑墨水		瓶	10	1.30					¥	1	3	0	0
合计（大写）	佰　拾　万　仟⊗佰叁拾壹元零角零分				¥ 31.00									

第二联　报销凭证

销货单位（章）：　　收款人：王飞　　复核人：　　开票人：李正

中国工商银行信汇凭证（收账通知或取款收据）4

第 124 号

委托日期：2016 年 3 月 10 日　　应解汇款编号

汇款人	全称	青山集团佳木斯市分公司		收款人	全称	齐齐哈尔华齐乳品厂	
	账号或地址	213-00450018-852			账号或地址	201-01369426-521	
	汇出地点	黑龙江省佳木斯市	汇出行名称：工商行		汇入地点	黑龙江省齐齐哈尔市	汇入行名称：工商行
金额	人民币（大写）壹万叁仟元整						千 百 十 万 千 百 十 元 角 分：¥ 1 3 0 0 0 0 0
汇款用途	偿还货款				留行待取能预留收款人签名		

上列款项已代进账，如有错误，请持此联来行面洽。 （汇入行盖章） 2016 年 3 月 17 日	上列款项已照收无误 （收款人盖章） 年　月　日	科目（借） 对方科目（贷） 汇入行解汇日期 2016 年 3 月 17 日 复核：刘力　出纳：李娟 记账：王芳

此联是收款人的收账通知或代取款收据

8.5 cm × 17.5 cm（白纸黑油墨）

自制原始凭证示例：

中国工商银行**现金存款单**（回单）

提货无效

科目：　　　　　　　　2016年3月7日　　　　对方科目：

收款人全称	齐齐哈尔华齐乳品厂	账　　号	201-01369426-521
款项来源	零销甜粉款	开户银行	工商行齐市分行建华支

人民币（大写）	千	百	十	万	千	百	十	元	角	分
肆佰陆拾捌元整					¥	4	6	8	0	0

券别	张数	金额 百	十	万	千	百	十	元	角	分	券别	张数	金额 十	万	千	百	十	元	角	分	收款银行盖章
一百元券	1				¥	1	0	0	0	0	五角券	/									
五拾元券	7				¥	3	5	0	0	0	二角券	/									
十元券	1					¥	1	0	0	0	一角币	/									
五元券	1						¥	5	0	0	五分币	/									
二元券	1						¥	2	0	0	二分币	/									
一元券	1						¥	1	0	0	一分币	/									出纳：

单位主管：　　　　会计：　　　　复核：　　　　记账：

提货无效

中国工商银行**进账单**（回单或收账通知）　1

年　　月　　日　　　　　　　　　　第　　　号

收款人全称	齐齐哈尔华齐乳品厂			退票	笔数	共　　　　笔
账　　号	201-01369426-521	开户银行	工商行建华支行		金额	¥

人民币（大写）	千	百	十	万	千	百	十	元	角	分	退票后金额	千	百	十	万	千	百	十	元	角	分
壹万伍仟元整			¥	1	5	0	0	0	0	0											

付款人账号	支票号码	金额 千	百	十	万	千	百	十	元	角	分	付款人账号	支票号码	金额 千	百	十	万	千	百	十	元	角	分	收款人开户行盖章
	5316			¥	1	5	0	0	0	0	0													

单位主管　　　　会计：　　　　复核：　　　　记账：

中国工商银行现金支票存根
支票号码：AE2844912
科目：
对方科目：
签发日期：2016年1月21日

收款人：	齐齐哈尔华齐乳品厂
金 额：	400.00
用 途：	提库存
备 注：	

单位主管： 会计：
复核： 记账：

本支票付款期十天

中国工商银行现金支票

支票号码 AE2844912
第 号
开户银行名称：中国工商银行齐市分行建华支行
签发日期：贰零壹陆年零壹月贰拾壹日
收款人：齐齐哈尔华齐乳品厂
签发人账号：201-01369426-521

人民币	千	百	十	万	千	百	十	元	角	分
（大写）：肆佰元整					¥	4	0	0	0	0

用途：提库存
上列款项请从我账户内支付

科目（付）
对方科目（收）
付讫日期 年 月 日
出纳： 记账：
复核： 复核：

（请收款人在背面盖章） 签发人盖章	贴对号单处	出纳对号单	AE2844912

中国工商银行转账支票存根
支票号码：AE0579363
科目：
对方科目：
签发日期：2016年1月21日

收款人：	青山集团
金 额：	8 600.00
用 途：	支付购货款
备 注：	

单位主管： 会计：
复核： 记账：

本支票付款期十天

中国工商银行转账支票

支票号码 AE0579363
第 号
开户银行名称：中国工商银行齐市分行建华支行
签发日期：贰零壹陆年零壹月贰拾壹日
收款人：青山集团
签发人账号：201-01369426-521

人民币	千	百	十	万	千	百	十	元	角	分
（大写）：捌仟陆佰元整				¥	8	6	0	0	0	0

用途：支付购货款
上列款项请从我账户内支付
签发人盖章

科目（付）
对方科目（收）
转账日期 年 月 日
复核： 记账：

付款单位责任人		持票人身份证号码		持票人初签		持票人复签	

请受票人核验持票人初签、复签字迹及身份证号码。

齐齐哈尔华齐乳品厂

收 料 单

发票号：605　　　　2016年3月2日　　　　No. 000301

供应单位	齐市豆业公司		材料类别及编号		原材料　123007		
名称及规格	计量单位	数　量		实　际　成　本			
		发票	实收	发票价格	运杂费	合计	单价
卵磷脂	吨	2	2	¥50 000.00	¥300.00	¥50 300.00	¥25 150.00
备注：							

记账联

核算：　　主管：　　保管：刘洋　　检验：张浩　　交库：王明

领 料 单

领料单位：生产车间　　　　2016年3月10日　　　　编号：200103004

用　途	生产甜粉	材料类别	包装物	材料编号	12801
材料名称及规格	单位	请领数	实发数	单价	金　额
铝铂袋	个	10 000	10 000	0.5	¥5 000.00
备注：					

第二联　会计记账联

领料单位负责人：王力　　记账：　　发料：刘洋　　领料：张朋

齐齐哈尔华齐乳品厂

限额领料单

领料单位：生产车间　　　　　　发料仓库：1号库

用　　途：生产甜粉　　　　　　编　　号：010301　　　　　　计量单位：吨

材料类别	材料编号	材料名称及规格	单位	单价	全月领用限额	全月实领	
						数量	金额
原材料	123005	卵磷脂	吨	25 150.00	10	10	¥251 500.00

供应部门负责人：张英　　　　　　生产计划部门负责人：盛明

日　期	请　领		实　发			限额结余	退　库	
	数量	负责人	数量	发料人	领料人		数量	退料单编号
3.2	2	王力	2	刘洋	杨芳	8		
3.10	5	王力	5	刘洋	杨芳	3		
3.23	3	王力	3	刘洋	杨芳	0		
合计	10		10			0		

齐齐哈尔华齐乳品厂

入　库　单

生产单位：生产车间　　　　　　2016年3月10日　　　　　　编号：0103002

产品名称	婴儿粉		生产批号	0103001
等级	特等		化验单编号	0103015
规　格	单　位	数量	单　价	金　额
20袋/箱	箱	1 000	120.00	¥120 000.00

审核：　　　　　　保管员：石磊　　　　　　交库：郝娟

黑龙江省增值税专用发票

开票日期：2016 年 3 月 3 日　　　　　　　　　　No. 01797179

购货单位	名称	伟华商店	税务登记号	230803630324994
	地址、电话	2712386	开户银行及账号	213-00470537-624

货物或应税劳务名称	规格型号	计量单位	数量	单价	金额 百	十	万	千	百	十	元	角	分	税率（%）	税额 百	十	万	千	百	十	元	角	分
甜粉	20 袋 / 箱	箱	200	200		¥	4	0	0	0	0	0	0	17			¥	6	8	0	0	0	0
合计						¥	4	0	0	0	0	0	0				¥	6	8	0	0	0	0

价税合计	仟　佰⊗拾肆万陆仟捌佰零拾零元零角零分	¥ 46 800.00
备注		

销货单位	名称	齐齐哈尔华齐乳品厂	税务登记号	230202520213883
	地址、电话	0452-2454856	开户银行及账号	201-01369426-521

销货单位（章）：　　收款人：李莉　　复核人：　　开票人：张红军

第四联 记账联售货方记账

中国工商银行托收承付结算凭证（回单）1

委托日期 2016 年 3 月 5 日　　　　　　　　　　托收号码：012

收款单位	全　称	齐齐哈尔华齐乳品厂	付款单位	全　称	哈尔滨大华商店
	账　号	201-01369426-521		账　号	0478276431-22082
	开户银行	工商行齐市分行建华支行　行号 201		开户银行	工商行哈市分行南岗支行

托收金额	人民币（大写）柒万元整	¥ 70 000.00

附寄单证张数或册数	商品发运情况	合同名称号码
2	铁路货运	购销合同 010301
备注： 电划	款项收妥日期 年　月　日	银行专用章 （收款单位开户银行盖章） 2016 年 3 月 5 日

单位主管：　　会计：　　复核：　　记账：

此联是收款人开户银行给收款人的回单

业务凭证：

黑龙江工商统一发票

No. 1258753

开票日期：2016年3月28日　　　发票联　　　齐国税（00－23）

购货单位	名称	齐齐哈尔华齐乳品厂	销货单位 名称	华益商店
	税务登记号	230202520213883	税务登记号	230202490702012

编号	货物或应税劳务名称	规格型号	计量单位	数量	单价	百	十	万	千	百	十	元	角	分
	文件夹		个	10	6.45				¥	1	1	8	0	0
	笔筒		个	10	6.30					¥	6	3	0	0
	圆珠笔		枝	10	3.10					¥	3	1	0	0
	合计								¥	2	1	2	0	0
合计（大写）	佰　拾　万⊗仟贰佰壹拾贰元零角零分				¥ 212.00									

第二联 报销凭证

销货单位（章）：　　收款人：刘浩　　复核人：　　开票人：沈剑

委邮

委托收款凭证（付款通知）5　委托号码：

委托日期：2016年3月29日　　　付款期限：　年　月　日

付款人	全称	齐齐哈尔华齐乳品厂	付款单位	全称	齐齐哈尔市电业局	
	账号或地址	201－01369426－521		账号或地址	201－00456312－875	
	开户银行	工商行齐市分行建华支行		开户银行	工商银行	行号 201
托收金额	人民币（大写）肆万捌仟元整				¥ 48 000.00	
款项内容	电费	委托收款凭据名称	电费结算单	附寄单证张数	1	
备注：			付款人注意： 1. 根据结算方法，上列托收款项，如超过承付期限并未拒付时，即视同全部承付。如系全额支付即以此联代通知支款；遇延付或部分支付时，再由银行另送延付或部分支付的支款通知。 2. 如需提前承付或多承付时，应另定书面通知送银行办理。 3. 如系全部或部分拒付，应在承付期限内另填拒绝承付理由书送银行办理。			

此联是付款人开户银行给付款人按期付款的通知

单位主管：　会计：　复核：　记账：　付款人开户银行盖章　4月1日

中国工商银行现金支票存根
支票号码：AE2844913
科目：
对方科目：
签发日期： 年 月 日

收款人：	
金　额：	
用　途：	
备　注：	

单位主管： 会计：
复核： 记账：

本支票付款期十天

中国工商银行现金支票

支票号码 AE2844913
第 号
签发日期： 年 月 日
开户银行名称：
收款人：
签发人账号：

人民币（大写）：	千	百	十	万	千	百	十	元	角	分

用途：
上列款项请从我账户内支付

科目（付）
对方科目（收）
付讫日期 年 月 日
出纳： 记账：
复核： 复核：

（请收款人在背面盖章） 签发人盖章	贴对号单处	出纳对号单	AE2844913

中国工商银行转账支票存根
支票号码：AE0579364
科目：
对方科目：
签发日期： 年 月 日

收款人：	
金　额：	
用　途：	
备　注：	

单位主管： 会计：
复核： 记账：

本支票付款期十天

中国工商银行转账支票

支票号码 AE0579364
第 号
签发日期 年 月 日
开户银行名称：
收款人：
签发人账号：

人民币（大写）：	千	百	十	万	千	百	十	元	角	分

用途：
上列款项请从我账户内支付
签发人盖章

科目（付）
对方科目（收）
转账日期 年 月 日
复核： 记账：

付款单位责任人		持票人身份证号码		持票人初签		持票人复签	

请受票人核验持票人初签、复签字迹及身份证号码。

中国工商银行进账单（回单或收账通知）1

提货无效

年　月　日　　　　　　　　　　　　　　　　第　　号

收款人全称				退票	笔数	共　　笔
账　　号		开户银行			金额	¥
人民币（大写）			千百十万千百十元角分	退票后金额		千百十万千百十元角分
付款人账号	支票号码	金额（千百十万千百十元角分）	付款人账号	支票号码	金额（千百十万千百十元角分）	收款人开户行盖章

此联是收款人开户行交给收款人的回单或收账通知

单位主管　　会计　　复核　　记账

中国工商银行 转账支票

支票号码：AE　2763845

签发日期：贰零壹陆年零叁月贰拾玖日　　开户银行名称：工商行齐市分行建华支行

收款人：齐齐哈尔华齐乳品厂　　签发人账号：201-03769364-586

人民币（大写）：捌仟元整	千	百	十	万	千	百	十	元	角	分
				¥	8	0	0	0	0	0

用途：支付前欠货款　　科目（付）

上列款项请从我的账户内支付　　对方科目（收）

签发人盖章　　转账日期　　年　月　日

复核　　记账

付款单位责任人		持票人身份证号码		持票人初签		持票人复签	

请受票人核验持票人初签、复签字迹及身份证号码

本支票付款期十天

电

中国工商银行**托收承付**结算凭证（回单）1

委托日期　　年　　月　　日　　　　托收号码：

收款单位	全　称		付款单位	全　称	
	账　号			账　号	
	开户银行			开户银行	
托收金额	人民币（大写）			¥	
附寄单证张数或册数		商品发运情况		合同名称号码	
备注：电划		款项收妥日期　年　月　日		银行专用章（收款单位开户银行盖章）　年　月　日	

单位主管：　　会计：　　复核：　　记账：

此联是收款人开户银行给收款人的回单

电

中国工商银行**托收承付**结算凭证（委托凭证）2

委托日期　　年　　月　　日　　　　托收号码：

收款单位	全　称		付款单位	全　称	
	账　号			账　号	
	开户银行			开户银行	
托收金额	人民币（大写）			¥	
附寄单证张数或册数		商品发运情况		合同名称号码	
备注：电划		上列托收款项随有关证等件，请予办理托收。（收款人盖章）		科目（收） 对方科目（付） 转账：　年　月　日 复核：　记账：	

收款人开户行收到日期　　年　　月　　日

此联是收款人委托开户银行办理托收款项后的收款凭证附件

电

中国工商银行**托收承付**结算凭证（支款凭证）3

承 付 期 限
到期 年 月 日

委托日期 年 月 日 托收号码：

<table>
<tr><td rowspan="3">收款单位</td><td>全 称</td><td></td><td rowspan="3">付款单位</td><td>全 称</td><td></td></tr>
<tr><td>账 号</td><td></td><td>账 号</td><td></td></tr>
<tr><td>开户银行</td><td></td><td>开户银行</td><td></td></tr>
<tr><td colspan="2">托收金额</td><td colspan="4">人民币（大写） ¥</td></tr>
<tr><td colspan="2">附寄单证张数或册数</td><td colspan="2">商品发运情况</td><td colspan="2">合同名称号码</td></tr>
<tr><td colspan="2"></td><td colspan="2"></td><td colspan="2"></td></tr>
<tr><td colspan="2">备注：
电划</td><td colspan="2">银行意见：
（收款人开户银行盖章）
年 月 日</td><td colspan="2">科目（收）
对方科目（付）
转账： 年 月 日
复核： 记账：</td></tr>
</table>

付款人开户行收到日期 年 月 日

此联是付款人开户银行支付货款的支款凭证

电

中国工商银行**托收承付**结算凭证（发电依据）4

承 付 期 限
到期 年 月 日

委托日期 年 月 日 委收号码：

<table>
<tr><td rowspan="3">收款单位</td><td>全 称</td><td></td><td rowspan="3">付款单位</td><td>全 称</td><td></td></tr>
<tr><td>账 号</td><td></td><td>账 号</td><td></td></tr>
<tr><td>开户银行</td><td></td><td>开户银行</td><td></td></tr>
<tr><td colspan="2">托收金额</td><td colspan="4">人民币（大写） ¥</td></tr>
<tr><td colspan="2">附寄单证张数或册数</td><td colspan="2">商品发运情况</td><td colspan="2">合同名称号码</td></tr>
<tr><td colspan="2"></td><td colspan="2"></td><td colspan="2"></td></tr>
<tr><td colspan="2">备注：
电划</td><td colspan="2">复核：</td><td colspan="2">记账：</td></tr>
</table>

此联是付款人开户银行发电依据

电

中国工商银行**托收承付**结算凭证（承付/支款 通知）5

承 付 期 限
到期 年 月 日

委托日期 年 月 日 托收号码：

收款单位	全 称		付款单位	全 称	
	账 号			账 号	
	开户银行			开户银行	
托收金额	人民币（大写）			¥	

附寄单证张数或册数	商品发运情况	合同名称号码

备注：电划	付款人注意： 1. 根据结算方法，上列托收款项，如超过承付期限并未拒付时，即视同全部承付。如系全额支付即以此联代通知支款；遇延付或部分支付时，再由银行另送延付或部分支付的支款通知。 2. 如需提前承付或多承付时，应另定书面通知送银行办理。 3. 如系全部或部分拒付，应在承付期限内另填拒绝承付理由书送银行办理。

单位主管： 会计： 复核： 记账： 付款人开户行盖章 月 日

此联是付款人向开户银行支付货款的支款凭证

黑龙江省增值税专用发票

开票日期： 年 月 日 No. 0197182

购货单位	名 称		税务登记号	
	地址、电话		开户银行及账号	

货物或应税劳务名称	规格型号	计量单位	数量	单价	金额									税率（%）	税额								
					百	十	万	千	百	十	元	角	分		百	十	万	千	百	十	元	角	分
合计																							

价税合计	仟 佰 拾 万 仟 佰 拾 元 角 分 ¥
备 注	

销货单位	名 称		税务登记号	
	地址、电话		开户银行及账号	

销货单位（章）： 收款人： 复核人： 开票人：

第四联 记账联 收货方记账

中国工商银行**现金存款单**（回单）　　提货无效

8.5 cm×17.5 cm　白纸黑字

科目：　　年　　月　　日　　　　　　　　　　对方科目：

收款人全称		账　　号	
款项来源		开户银行	

人民币（大写）		千	百	十	万	千	百	十	元	角	分

券别	张数	金额									券别	张数	金额								收款银行盖章
		百	十	万	千	百	十	元	角	分			十	万	千	百	十	元	角	分	
一百元券											五角券										
五拾元券											二角券										
十元券											一角币										
五元券											五分币										
二元券											二分币										
一元券											一分币										出纳：

单位主管：　　　　会计：　　　　复核：　　　　记账：

黑龙江工商统一发票

No. 0764273

开票日期：　　年　　月　　日　　　　　　　　齐国税（00－23）

购货单位	名　　称		销货单位	名　　称	
	税务登记号			税务登记号	

编号	货物或应税劳务名称	规格型号	计量单位	数量	单价	金额								
						百	十	万	千	百	十	元	角	分
合计（大写）　佰　拾　万　仟　佰　拾　元　角　分						¥								

销货单位（章）：　　　　收款人：　　　　复核人：　　　　开票人：

实训二　填制及审核记账凭证

一、实训目的

根据原始凭证所表明的经济业务情况，正确按记账凭证格式要求填写记账凭证，并按记账凭证审核内容的要求，审核经济业务是否合法、合理，以及记账凭证填写是否符合规范要求。

二、实训内容

按经济业务发生后所给出的原始凭证，在审核无误后，填制记账凭证，并在小组内互相审核。

三、实训要求

1. 填写记账凭证的日期按实际填写记账凭证的日期填写，不能因故将日期提前或滞后；账户名称和编号必须按会计制度的规定填写。由企业自己设置的二级或明细科目的名称和编号，一旦确定后也不得随意变动，以免造成语义模糊使他人误解。

2. 所附原始凭证的张数栏按原始凭证的实有张数填写，并且将原始凭证全部附贴在记账凭证后，附贴方式有背对背尾贴方式和面对背首贴方式。

若一项业务需用两张或两张以上的凭证填写时，凭证编号采用分数形式填写，如：“$14\frac{1}{4}$”表示第14号凭证共4张本张为第一张。对于未附原始凭证的记账凭证要在“备注”栏（如无备注栏则在记账凭证的右上角处）注明“原始凭证××张，附于第××号记账凭证后”，以便于核查。

3. “摘要”栏以简明扼要的文字说明经济业务内容概况；“过账”栏或“账页”栏用于对已记账的内容做标识，用“√”或簿记戳或记入的账页页码，表明已记账，内容为空时表示未记账；在填写完一张凭证后，填写人员应在“填制”处填写上自己的名字。

4. 对于使用收款、付款、转账凭证的企业在发生现金与银行存款之间收付业务时，只填写付款凭证。

5. 出纳人员实际办理收付款业务时，应当在记账凭证（或所附原始凭证）上当即加盖“收讫”或“付讫”戳记，以防重收重付。

6. 企业所用记账凭证类型一旦确定，不得随意变更，特别是在同一会计期内，不能改变记账凭证格式，以免引起凭证编号、凭证汇总、装订、保管等发生混乱。

四、实训资料及实训备品

1. 记账凭证示例（见第21页）。
2. 经济业务发生应取得或填写的原始凭证及说明（见第25页）。
3. 根据所给原始凭证所载明的经济业务内容，经审核无误后填制记账凭证。
4. 按记账凭证的审核要求小组内互相审核。
5. 需收款凭证5张，付款凭证6张，转账凭证5张；需记账凭证格式一、格式二各16张。

注：本实训完成后请保存相关资料，实训九将继续使用。

记账凭证格式示例：

1. 专用凭证：

齐齐哈尔华齐乳品厂

收 款 凭 证

借方科目：~~库存现金~~　银行存款　　2016 年　3 月 17 日　　总字第 72 号　　收字第 16 号

摘要	贷方科目		过账	金额								
	一级科目	二级或明细科目		百	十	万	千	百	十	元	角	分
收回货款	应收账款	青山集团				1	3	0	0	0	0	0

附原始凭证 1 张

会计主管：　　记账：　　审核：　　填制：张杰

齐齐哈尔华齐乳品厂

付 款 凭 证

贷方科目：~~库存现金~~　银行存款　　2016 年 3 月 20 日　　总字第 89 号　　付字第 42 号

摘要	借方科目		过账	金额								
	一级科目	二级或明细科目		百	十	万	千	百	十	元	角	分
付电费	制造费用					4	0	0	0	0	0	0
	管理费用	电费					3	6	0	0	0	0

附原始凭证 2 张

会计主管：　　记账：　　审核：　　填制：张杰

齐齐哈尔华齐乳品厂

转 账 凭 证

2016 年 3 月 28 日　　　总字第 130 号　　转字第 54 号

摘　要	借方科目		贷方科目		过账	金额								
	一级科目	二级或明细科目	一级科目	二级或明细科目		百	十	万	千	百	十	元	角	分
领料	生产成本	甜粉							5	0	0	0	0	0
			包装物	铝铂袋					5	0	0	0	0	0

附原始凭证 1 张

会计主管：　　　　记账：　　　　审核：　　　　填制：张杰

通用记账凭证格式一：

齐齐哈尔华齐乳品厂

记 账 凭 证

2016 年 3 月 17 日　　　顺序第 72 号

摘　要	会计科目		过账	借方金额									贷方金额								
	一级科目	二级或明细科目		百	十	万	千	百	十	元	角	分	百	十	万	千	百	十	元	角	分
收回货款	银行存款					1	3	0	0	0	0	0									
	应收账款	青山集团													1	3	0	0	0	0	0

附原始凭证 1 张

会计主管：　　　　记账：　　　　审核：　　　　填制：张杰

齐齐哈尔华齐乳品厂

记 账 凭 证

2016 年 3 月 20 日　　　　　　顺序第 89 号

摘要	会计科目		过账	借方金额									贷方金额								
	一级科目	二级或明细科目		百	十	万	千	百	十	元	角	分	百	十	万	千	百	十	元	角	分
付电费	制造费用					4	0	0	0	0	0	0									
	管理费用	电费					3	0	0	0	0	0									
	管理费用	水费						6	0	0	0	0									
	银行存款														4	3	6	0	0	0	0

附原始凭证 2 张

会计主管：　　　　记账：　　　　审核：　　　　填制：张杰

齐齐哈尔华齐乳品厂

记 账 凭 证

2016 年 3 月 28 日　　　　　　顺序第 130 号

摘要	会计科目		过账	借方金额									贷方金额								
	一级科目	二级或明细科目		百	十	万	千	百	十	元	角	分	百	十	万	千	百	十	元	角	分
领料	生产成本	甜粉					5	0	0	0	0	0									
	包装物	铝铂袋														5	0	0	0	0	0

附原始凭证 1 张

会计主管：　　　　记账：　　　　审核：　　　　填制：张杰

通用记账凭证格式二：

齐齐哈尔华齐乳品厂

记 账 凭 证

2016 年 3 月 17 日 顺序第 72 号

摘 要	借方科目		贷方科目		过账	金额								
	一级科目	二级或明细科目	一级科目	二级或明细科目		百	十	万	千	百	十	元	角	分
收回货款	银行存款							1	3	0	0	0	0	0
			应收账款	青山集团				1	3	0	0	0	0	0

附原始凭证 1 张

会计主管： 记账： 审核： 填制：张杰

齐齐哈尔华齐乳品厂

记 账 凭 证

2016 年 3 月 20 日 顺序第 89 号

摘 要	借方科目		贷方科目		过账	金额								
	一级科目	二级或明细科目	一级科目	二级或明细科目		百	十	万	千	百	十	元	角	分
付电费	制造费用							4	0	0	0	0	0	0
	管理费用	电费							3	6	0	0	0	0
			银行存款					4	3	6	0	0	0	0

附原始凭证 2 张

会计主管： 记账： 审核： 填制：张杰

原始凭证及业务说明（4月份）：

中国工商银行信汇凭证（收账通知或取款收据）4

第026号

委托日期：2016年3月27日　　　　应解汇款编号

8.5×17.5公分（白纸黑油墨）

汇款人	全称	杰人商厦		收款人	全称	齐齐哈尔华齐乳品厂	
	账号或地址	1035782767-22143			账号或地址	201-01369426-521	
	汇出地点	黑龙江省哈尔滨市	汇出行名称：工商行		汇入地点	黑龙江省齐齐哈尔市	汇入行名称：工商行

金额	人民币（大写）叁拾贰万捌仟陆佰元整	千	百	十	万	千	百	十	元	角	分
			¥	3	2	8	6	0	0	0	0

汇款用途	偿还货款	留行待取能预留收款人签名	

上列款项已代进账，如有错误，请持此联来行面洽。 （汇入行盖章） 2016年4月1日	上列款项已照收无误 （收款人盖章） 年　月　日	科目（借） 对方科目（贷） 汇入行解汇日期2016年4月1日 复核：刘力　出纳：李娟 记账：王芳

此联是收款人的收账通知或代取款收据

说明：4月2日收到此凭证

委邮

委托收款凭证（收账通知或取款收据）4

第032号

委托日期：2016年3月27日　　　　付款期限：　年　月　日

收款人	全称	齐齐哈尔电业局			付款人	全称	齐齐哈尔华齐乳品厂
	账号或地址	201-00845654-094				账号或地址	201-01369426-521
	开户银行	工商行	行号	201		开户银行	工商行齐市分行建华支行

委收金额	人民币（大写）玖万柒仟肆佰元整	千	百	十	万	千	百	十	元	角	分
				¥	9	7	4	0	0	0	0

款项内容	电费	委托收款凭据名称	电费结算单	附寄单证张数	2

备注：	收款人开户行盖章 2016年3月31日	科目（借） 对方科目（贷） 转账：　年　月　日 复核：　　记账：

此联是收款人的收账通知或代取款收据

付款人开户行收到日期　2016年4月2日

说明：4月3日收到此联，电费按如下金额分配：

照明用电：3 400元（计入管理费用）

基本生产车间：55 000元（计入制造费用－基本生产车间）

供汽车间：39 000元（计入制造费用－辅助生产车间）

黑龙江工商统一发票

No. 00243132

开票日期：2016 年 4 月 3 日　　　　　　　　　　　　齐国税（00 － 23）

购货单位	名　称	方明食杂店	销货单位	名　称	齐齐哈尔华齐乳品厂
	税务登记号	230203690702012		税务登记号	230202520213883

编号	货物或应税劳务名称	规格型号	计量单位	数量	单价	金额：百	十	万	千	百	十	元	角	分
	甜粉	20 袋 / 箱	箱	5	230.00			¥	1	1	5	0	0	0
合计（大写）	佰 拾 ⊗万壹仟壹佰伍拾零元零角零分					¥ 1 150.00								

销货单位（章）：　　　　收款人：李莉　　　　复核人：　　　　开票人：马舒

中国工商银行现金存款单（回　单）

提货无效

科目：　　　　　　　　2016 年 4 月 3 日　　　　　　　　对方科目：

收款人全称	齐齐哈尔华齐乳品厂	账　号	201-01369426-521
款项来源	零销甜粉	开户银行	工商行齐市分行建华支行

人民币（大写）	千	百	十	万	千	百	十	元	角	分
壹仟壹佰伍拾元整					1	1	5	0	0	0

券别	张数	金额：百	十	万	千	百	十	元	角	分	券别	张数	金额：十	万	千	百	十	元	角	分	收款银行盖章
一百元券	10				1	0	0	0	0	0	五角券										
五拾元券	/										二角券										
十元券	15					1	5	0	0	0	一角币										
五元券	/										五分币										
二元券	/										二分币										
一元券	/										一分币										出纳：

单位主管：　　　　会计：　　　　复核：　　　　记账：

齐齐哈尔华齐乳品厂

入　库　单

交库单位：生产车间　　　　2016 年 4 月 4 日　　　　编号：064

品　名	婴儿粉		生产批号	20010401
等　级	特　级		化验单编号	200104001
规格	单位	数量	单 价	金　额
20 袋 / 箱	箱	2 000	110.00	220 000.00

第三联　财务

审核：　　　　保管员：石磊　　　　交库：张朋

齐齐哈尔华齐乳品厂

出　库　单

2016 年 4 月 5 日　　　　8 册 005 号

产品或物资名称	规　格	单　位	数　量	单　价	金　额
甜粉	20 袋 / 箱	箱	200		

第二联　会计记账根据

客户：李明　　　　保管员：石磊　　　　填制：李莉

说明：经会计人员核算每箱甜粉单价 120 元。

提货无效

中国工商银行**进账单**（回单或收账通知）1

2016年4月5日　　　　　　　　　　第001号

收款人全称	齐齐哈尔华齐乳品厂			退票	笔数	共　　　笔
账　　号	201-01369426-521	开户银行	工商行建华支行		金额	¥

人民币（大写）肆万陆仟捌佰元整	千	百	十	万	千	百	十	元	角	分	退票后金额	千	百	十	万	千	百	十	元	角	分
				4	6	8	0	0	0	0											

付款人账号	支票号码	千	百	十	万	千	百	十	元	角	分	付款人账号	支票号码	千	百	十	万	千	百	十	元	角	分	收款人开户行盖章
	4287				4	6	8	0	0	0	0													

单位主管　　　　会计　　　　复核　　　　记账

说明：4月7日收到此联

黑龙江省增值税专用发票

开票日期：2016年4月5日　　　　　　　　　　No. 00243137

购货单位	名　称	飞龙集团	税务登记号	230802567843267
	地址、电话	0459-5689745	开户银行及账号	213-04285764-386

货物或应税劳务名称	规格型号	计量单位	数量	单价	金额 百	十	万	千	百	十	元	角	分	税率（%）	税额 百	十	万	千	百	十	元	角	分
甜粉	20袋/箱	箱	200	200		¥	4	0	0	0	0	0	0	17			¥	6	8	0	0	0	0
合计						¥	4	0	0	0	0	0	0				¥	6	8	0	0	0	0

价税合计	仟　佰⊗拾肆万陆仟捌佰零拾零元零角零分　　¥ 46 800.00
备注	

销货单位	名称	齐齐哈尔华齐乳品厂	税务登记号	230202520213883
	地址、电话	0452-2454856	开户银行及账号	201-01369426-521

第四联　记账联　售货方记账

销货单位（章）：　　收款人：李莉　　复核人：　　开票人：张红军

黑龙江省增值税专用发票

发票联

开票日期：2016 年 3 月 25 日　　　　No. 98027839

购货单位				
购货单位	名　　称	齐齐哈尔华齐乳品厂	税务登记号	2 3 0 2 0 2 5 2 0 2 1 3 8 8 3
	地址、电话	0452-2454856	开户银行及账号	201-01369426-521

货物或应税劳务名称	规格型号	计量单位	数量	单价	金额									税率（%）	税额								
					百	十	万	千	百	十	元	角	分		百	十	万	千	百	十	元	角	分
砂糖	50 公斤 / 袋	袋	200	130.00		¥	2	6	0	0	0	0	0	17			¥	4	4	2	0	0	0
合计						¥	2	6	0	0	0	0	0				¥	4	4	2	0	0	0
价税合计	仟　佰⊗拾叁万零仟肆佰贰拾零元零角零分　¥ 30 420.00																						
备注																							

销货单位				
销货单位	名称	红光糖厂	税务登记号	2 3 0 2 0 0 4 7 6 8 4 2 8 6 9
	地址、电话	0452-7844563	开户银行及账号	201-01586427-589

销货单位（章）：　　收款人：王小刚　　复核人：　　开票人：苏凡

第二联　发票联，购货方记账凭证

黑龙江省铁路货运统一收据

付款单位：红光糖厂　　2016 年 3 月 25 日　　黑税（00）No. 3827654

发站	讷河	到站	齐齐哈尔	经由		运价里程	120	车种车号	H25-7869

货物名称	件数	包装	重量	计费重量
砂糖	200 袋		10 吨	10 吨

费目	费率	金额	
过程费	10	100.00	
装车费		360.00	
运费		1 540.00	
			承运单位盖章
合计金额	人民币（大写）：贰仟元整　¥ 2 000.00		

收款人（签名）：

第二联　付款单位记账

中国工商银行信汇凭证（回　单）1

第080号

委托日期：2016年 4 月6 日

8.5cm×17.5cm（白纸黑油墨）

汇款人	全称	齐齐哈尔华齐乳品厂			收款人	全称	红光糖厂		
	账号或地址	201-01369426-521				账号或地址	201-01586427-589		
	汇出地点	黑龙江省齐齐哈尔市	汇出行名称	工商行		汇入地点	黑龙江省讷河市	汇入行名称	工商行

金额	人民币（大写）叁万贰仟肆佰贰拾元整	千	百	十	万	千	百	十	元	角	分
				¥	3	2	4	2	0	0	0

汇款用途	购货款	
上列款项已根据委托办理，如需查询，请持此联来行面洽。		（汇出行盖章） 2016 年 4 月 6 日
单位主管：　会计：　复核：　记账：		

此联是收款人的收账通知或代取款收据

齐齐哈尔华齐乳品厂

收　料　单

发票号：　　2016 年 4 月 6 日　　No. 000401

供应单位	红光糖厂	材料类别及编号		原材料　123002			
名称及规格	计量单位	数　量		实　际　成　本			
		发票	实收	发票价格	运杂费	合计	单价
砂糖	吨	10	10	26 000.00	2 000.00	28 000.00	2 800.00
备注：							

记账联

核算：苗玉　　主管：　　保管：刘洋　　检验：曲斌　　交库：李华

领 料 单

领料单位：生产车间　　2016 年 4 月 10 日　　编号：200104001

用途	生产甜粉	材料类别	包装物	材料编号	12801
材料名称及规范	单位	请领数	实发数	单价	金额
铝箔袋	个	40 000	40 000	0.5	20 000.00
备注：					

领料单位负责人：王力　　记账：　　发料：刘洋　　领料：张宏

中国工商银行信汇凭证（回单）1

第081号

委托日期：2016 年 4 月 10 日

8.5cm×17.5cm（白纸黑油墨）

汇款人	全称	齐齐哈尔华齐乳品厂		收款人	全称	伟华集团	
	账号或地址	201-01369426-521			账号或地址	1576724731-22018	
	汇出地点	黑龙江省齐齐哈尔市	汇出行名称：工商行		汇入地点	黑龙江省哈尔滨市	汇入行名称：建行

金额	千	百	十	万	千	百	十	元	角	分
人民币（大写）陆万肆仟元整			¥	6	4	0	0	0	0	0

汇款用途	偿还前欠货款	（汇出行盖章） 2016 年 4 月 10 日
上列款项已根据委托办理，如需查询，请持此联来行面洽。		
单位主管：　　会计：　　复核：　　记账：		

此联是收款人的收账通知或代取款收据

注：本实训完成后请保存相关资料，实训九将继续使用。

实训三 设置和登记日记账

一、实训目的

正确设置和登记日记账。

二、实训内容

根据库存现金和银行存款的期初余额，设置库存现金和银行存款日记账，并根据记账凭证中涉及库存现金和银行存款的收付内容填写库存现金和银行存款日记账。（对商品类日记账本实训未涉及）

三、实训要求

1. 设置日记账，在日记账的第一行填写如下内容："日期"栏一般为某月1日；"摘要"栏写"期初余额"或"上期（月、年）结转"；"对方科目（对应账户）"栏空；"凭证号"栏空；"收入（借方）""支出（贷方）"栏空；"余额（结存）"栏将期初余额正确记入，若无期初金额则在第一笔业务发生时，直接在第一行开始登记。

2. 日记账为序时账，在填写完记账凭证后应同时登记日记账。

3. 三栏式日记账："日期"栏按实际登记日期填写；"对方科目（对应账户）"栏填写库存现金或银行存款对应的账户名称或代码，若对应账户为多个时，另起一行填写；"结算种类及编号"栏的填写内容为结算票据名称和票据的号码；"收入（借方）""支出（贷方）"金额栏按记账凭证中库存现金或银行存款的借、贷方发生额同向填写。若不做日结工作应随时结算出余额（结存额）。

4. 库存现金和银行存款日记账在企业业务较多的情况下，一般采用每日业务处理完毕后在最后一行做日结工作。其中，"日期"栏写出当日日期，"摘要"栏写"日结"，"凭证号"及"对方科目（对应账户）"栏空，"收入（借方）""支出（贷方）"栏填写当日发生额合计数，"余额"栏填写上日余额（如果是月初或年初，则为期初余额）加本日收入合计（借方发生额）减本日支出合计（贷方发生额）的值（每笔业务的余额栏省略不记）。若每日发生收支业务较少时，可不做日结工作，但每笔业务填写后要随时结算余额。

5. 每页最后一行"日期"栏内填写当日日期；"摘要"栏填写"转下页"或"接下页"；"收入（借方）"和"支出（贷方）"栏填写本月收入（借方）和支出（贷方）合计的值（应与上行结存额（余额）相等），并将该行内容结转至下页第一行，且在"摘要"栏填写"承上页"或"接上页"。

6. 每月业务登记完毕后，做月结工作（方法同日结，"摘要"栏填写"月结"）。

7. 每笔业务登记库存现金日记账或银行存款日记账后，在记账凭证的"过账（账页）"栏内做出标记，表明已登记入日记账。

四、实训资料及实训备品

1. 本实训中所做实训用日记账均指特种日记账，一般包括现金日记账和银行存款日记账。

2. 三栏式日记账示例（第41页）。
3. 多栏式日记账示例（第43页）。
4. 库存现金期初余额：　　1 000.00元；
   银行存款期初余额：　　20 000.00元。
5. 记账凭证（第47页）。
6. 需三栏式日记账3张（库存现金日记账1张，银行存款日记账2张）。

三栏式日记账登记方法示例：（示例1）

现金日记账

2016年		凭证号	摘要	对方科目	收入（借方）									支出（贷方）									核对号	结存额（余额）								
月	日				百	十	万	千	百	十	元	角	分	百	十	万	千	百	十	元	角	分		百	十	万	千	百	十	元	角	分
1	30		承上页			1	7	8	6	2	5	0	0		1	7	8	5	4	0	0	0						4	5	5	0	0
1	30	106	报销办公用品费	521															7	6	0	0						3	7	9	0	0
1	31	112	预支差旅费	119														3	0	0	0	0							7	9	0	0
1	31	115	提备用金	102					8	0	0	0	0															8	7	9	0	0
1	31		月计			1	7	9	4	2	5	0	0		1	7	8	9	1	6	0	0						8	7	9	0	0

银行存款日记账

2016年		凭证号	摘要	对方科目	结算票据		收入（借方）									支出（贷方）									核对号	结存额（余额）								
月	日				种类	编号	百	十	万	千	百	十	元	角	分	百	十	万	千	百	十	元	角	分		百	十	万	千	百	十	元	角	分
1	30		承上页				1	2	4	7	4	0	0	0	0	1	3	1	0	6	0	0	0	0			2	8	6	8	9	0	0	0
1	30	107	收回前欠货款	113	转	168			8	0	0	0	0	0	0												3	6	6	8	9	0	0	0
1	30	108	收回前欠货款	113	汇	004			1	0	0	0	0	0	0												3	7	6	8	9	0	0	0
1	30	109	偿还材料款	203	汇	012												6	0	0	0	0	0	0			3	1	6	8	9	0	0	0
1	31	115	提备用金	101	现	765														8	0	0	0	0			3	1	6	0	9	0	0	0
1	31		月计				1	3	3	7	4	0	0	0	0	1	3	7	1	4	0	0	0	0			3	1	6	0	9	0	0	0

（示例2）

现金日记账

2016年		凭证号	摘要	对方科目	收入（借方）									支出（贷方）									核对号	结存额（余额）								
月	日				百	十	万	千	百	十	元	角	分	百	十	万	千	百	十	元	角	分		百	十	万	千	百	十	元	角	分
1	1		上年结转																									2	0	0	0	0
1	2	收1	零售甜粉	501					2	4	0	0	0																			
				221						4	0	8	0																			
1	2	付1	送存银行	102														2	8	0	8	0										
1	2		日结						2	8	0	8	0					2	8	0	8	0						2	0	0	0	0
1	3	付2	提备用金	102					6	0	0	0	0																			
1	3	付3	报办公用品费	521															8	7	5	0										
1	3		日结						6	0	0	0	0						8	7	5	0						7	1	2	5	0

银行存款日记账

2016年		凭证号	摘要	对方科目	结算票据		收入（借方）									支出（贷方）									核对号	结存额（余额）								
月	日				种类	编号	百	十	万	千	百	十	元	角	分	百	十	万	千	百	十	元	角	分		百	十	万	千	百	十	元	角	分
1	1		上年结转																								1	2	3	4	5	6	7	8
1	2	付1	现金送存银行	101		01					2	8	0	8	0																			
1	2	收2	销售婴儿粉	501	转	768			1	2	6	7	0	0	0																			
				221						2	1	5	3	9	0																			
1	2	收3	收回前欠货款	113	托	016			1	1	7	0	0	0	0																			
1	2		日结						2	6	8	0	4	7	0												1	5	0	2	6	1	4	8
1	3	付2	提备用金	101	现	201														6	0	0	0	0										
1	3		日结																	6	0	0	0	0			1	4	9	6	6	1	4	8

多栏式日记账登记方法示例：

现金收入日记账

第7页

2016年 月	日	凭证号	摘要	贷方科目：产品销售收入（十万千百十元角分）	贷方科目：其他应收款（十万千百十元角分）	贷方科目：其他（十万千百十元角分）	贷方科目：收入合计（十万千百十元角分）	支出合计（十万千百十元角分）	借或贷	结存额（余额）（百十万千百十元角分）
2	2		承上页	60000	50000		110000	120000		80000
2	3	012	零售甜粉	120000						
2	3	014	零售甜粉	70000						
2	3		日结	190000			190000	214000		56000

现金支出日记账

第25页

2016年		凭证号	摘要	借方科目					支出合计
				管理费用	银行存款	其他应收款	应付工资	其他	
月	日			十万千百十元角分	十万千百十元角分	十万千百十元角分	十万千百十元角分	十万千百十元角分	百十万千百十元角分
2	2		承上页	60000	60000				120000
2	3	013	报销办公用品费	24000					
2	3	018	将现金送存银行		190000				
2	3		日结	24000	190000				214000

银行存款收入日记账

第3页

2016年		凭证号	摘要	贷方科目				支出合计	借或贷	结存额（余额）
月	日			产品销售收入	应收账款	其他	收入合计	十万千百十元角分		百十万千百十元角分
				十万千百十元角分	十万千百十元角分	十万千百十元角分	十万千百十元角分			
1	3		承上页	800000	900000		1700000	1200000	借	850000
1	4	008	销售甜粉	1200000						
1	4	009	收回欠款		100000					
2	3		日结	1290000	100000		1300000	1800000	借	350000

银行存款支出日记账

第 15 页

2016年 月	日	凭证号	摘要	借方科目：原材料（十万千百十元角分）	借方科目：应付账款（十万千百十元角分）	借方科目：现金（十万千百十元角分）	借方科目：（十万千百十元角分）	借方科目：其他（十万千百十元角分）	支出合计（百十万千百十元角分）
1	4		承上页	400000	740000	60000			1200000
1	4	007	购入材料	1200000					
1	4	011	偿还欠款		600000				
1	4		日结	1200000	600000				1800000

记账凭证：

齐齐哈尔华齐乳品厂

记 账 凭 证

2016 年 8 月 1 日　　　　顺序第 1 号

摘要	借方科目		贷方科目		过账	金额								
	一级科目	二级或明细科目	一级科目	二级或明细科目		百	十	万	千	百	十	元	角	分
销售甜粉	银行存款							2	3	4	0	0	0	0
			主营业务收入	甜粉				2	0	0	0	0	0	0
			应交税费	应交增值税（进）					3	4	0	0	0	0

附原始凭证 2 张

会计主管：　　记账：　　审核：　　填制：张杰

齐齐哈尔华齐乳品厂

记 账 凭 证

2016 年 8 月 1 日　　　　顺序第 2 号

摘要	借方科目		贷方科目		过账	金额								
	一级科目	二级或明细科目	一级科目	二级或明细科目		百	十	万	千	百	十	元	角	分
报办公用品费	管理费用	办公费								1	6	5	0	0
			库存现金							1	6	5	0	0

附原始凭证 12 张

会计主管：　　记账：　　审核：　　填制：张杰

齐齐哈尔华齐乳品厂

记 账 凭 证

2016 年 8 月 1 日　　　　顺序第 3 号

摘 要	借方科目		贷方科目		过账	金额								
	一级科目	二级或明细科目	一级科目	二级或明细科目		百	十	万	千	百	十	元	角	分
王飞借差旅费	其他应收款	王飞								5	0	0	0	0
			库存现金							5	0	0	0	0

附原始凭证 1 张

会计主管：　　记账：　　审核：　　填制：张杰

齐齐哈尔华齐乳品厂

记 账 凭 证

2016 年 8 月 1 日　　　　顺序第 4 号

摘 要	借方科目		贷方科目		过账	金额								
	一级科目	二级或明细科目	一级科目	二级或明细科目		百	十	万	千	百	十	元	角	分
收回货款	银行存款							1	3	1	0	4	0	0
			应收账款	晶晶商店				1	3	1	0	4	0	0

附原始凭证 1 张

会计主管：　　记账：　　审核：　　填制：张杰

齐齐哈尔华齐乳品厂

记账凭证

2016年8月1日　　　　顺序第5号

摘要	借方科目		贷方科目		过账	金额								
	一级科目	二级或明细科目	一级科目	二级或明细科目		百	十	万	千	百	十	元	角	分
国家投资	银行存款					1	0	0	0	0	0	0	0	0
			实收资本	国家股		1	0	0	0	0	0	0	0	0

附原始凭证7张

会计主管：　　　记账：　　　审核：　　　填制：张杰

齐齐哈尔华齐乳品厂

记账凭证

2016年8月2日　　　　顺序第6号

摘要	借方科目		贷方科目		过账	金额								
	一级科目	二级或明细科目	一级科目	二级或明细科目		百	十	万	千	百	十	元	角	分
工会活动	其他应付款	工会经费								2	6	4	0	0
			库存现金							2	6	4	0	0

附原始凭证5张

会计主管：　　　记账：　　　审核：　　　填制：张杰

齐齐哈尔华齐乳品厂

记 账 凭 证

2016 年 8 月 2 日　　　　顺序第 7 号

摘 要	借方科目		贷方科目		过账	金额								
	一级科目	二级或明细科目	一级科目	二级或明细科目		百	十	万	千	百	十	元	角	分
购料	原材料	卵磷脂					2	0	0	0	0	0	0	0
	应交税费	应交增值税						3	4	0	0	0	0	0
			银行存款				2	3	4	0	0	0	0	0

附原始凭证 3 张

会计主管：　　　记账：　　　审核：　　　填制：张杰

齐齐哈尔华齐乳品厂

记 账 凭 证

2016 年 8 月 2 日　　　　顺序第 8 号

摘 要	借方科目		贷方科目		过账	金额								
	一级科目	二级或明细科目	一级科目	二级或明细科目		百	十	万	千	百	十	元	角	分
偿还欠款	应付账款	大明集团					1	2	0	0	0	0	0	0
			银行存款				1	2	0	0	0	0	0	0

附原始凭证 1 张

会计主管：　　　记账：　　　审核：　　　填制：张杰

齐齐哈尔华齐乳品厂

记 账 凭 证

2016 年 8 月 1 日　　　　顺序第 9 号

摘 要	借方科目		贷方科目		过账	金额								
	一级科目	二级或明细科目	一级科目	二级或明细科目		百	十	万	千	百	十	元	角	分
提现	库存现金									8	0	0	0	0
			银行存款							8	0	0	0	0

附原始凭证 1 张

会计主管：　　记账：　　审核：　　填制：张杰

齐齐哈尔华齐乳品厂

记 账 凭 证

2016 年 8 月 30 日　　　　顺序第 10 号

摘 要	借方科目		贷方科目		过账	金额								
	一级科目	二级或明细科目	一级科目	二级或明细科目		百	十	万	千	百	十	元	角	分
购买票据	财务费用									1	2	0	0	0
			库存现金							1	2	0	0	0

附原始凭证 3 张

会计主管：　　记账：　　审核：　　填制：张杰

齐齐哈尔华齐乳品厂

记 账 凭 证

2016 年 8 月 30 日　　顺序第 11 号

摘 要	借方科目		贷方科目		过账	金额								
	一级科目	二级或明细科目	一级科目	二级或明细科目		百	十	万	千	百	十	元	角	分
偿还欠款	应付账款	伟华集团						8	0	0	0	0	0	0
			银行存款					8	0	0	0	0	0	0

附原始凭证 1 张

会计主管：　　记账：　　审核：　　填制：张杰

齐齐哈尔华齐乳品厂

记 账 凭 证

2016 年 8 月 30 日　　顺序第 12 号

摘 要	借方科目		贷方科目		过账	金额								
	一级科目	二级或明细科目	一级科目	二级或明细科目		百	十	万	千	百	十	元	角	分
收回货款	银行存款							6	7	8	0	0	0	0
			应收账款	明月公司				6	7	8	0	0	0	0

附原始凭证 1 张

会计主管：　　记账：　　审核：　　填制：张杰

齐齐哈尔华齐乳品厂

记 账 凭 证

2016 年 8 月 31 日　　　　顺序第 13 号

摘要	借方科目		贷方科目		过账	金额								
	一级科目	二级或明细科目	一级科目	二级或明细科目		百	十	万	千	百	十	元	角	分
付广告费	销售费用	广告费用					1	0	0	0	0	0	0	0
			银行存款				1	0	0	0	0	0	0	0

附原始凭证 2 张

会计主管：　　记账：　　审核：　　填制：张杰

齐齐哈尔华齐乳品厂

记 账 凭 证

2016 年 8 月 31 日　　　　顺序第 14 号

摘要	借方科目		贷方科目		过账	金额								
	一级科目	二级或明细科目	一级科目	二级或明细科目		百	十	万	千	百	十	元	角	分
购铝铂袋	包装物	铝铂袋						1	0	0	0	0	0	0
	应交税费	应交增值税							1	7	0	0	0	0
			银行存款					1	1	7	0	0	0	0

附原始凭证 3 张

会计主管：　　记账：　　审核：　　填制：张杰

齐齐哈尔华齐乳品厂

记 账 凭 证

2016 年 8 月 30 日　　　　顺序第 15 号

摘　要	借方科目		贷方科目		过账	金额								
	一级科目	二级或明细科目	一级科目	二级或明细科目		百	十	万	千	百	十	元	角	分
预付购货款	预付账款	天龙公司						1	8	0	0	0	0	0
			银行存款					1	8	0	0	0	0	0

附原始凭证 1 张

会计主管：　　　记账：　　　审核：　　　填制：张杰

齐齐哈尔华齐乳品厂

记 账 凭 证

2016 年 8 月 31 日　　　　顺序第 16 号

摘　要	借方科目		贷方科目		过账	金额								
	一级科目	二级或明细科目	一级科目	二级或明细科目		百	十	万	千	百	十	元	角	分
收回欠款	银行存款	三金食品公司						5	0	0	0	0	0	0
			应收账款					5	0	0	0	0	0	0

附原始凭证 1 张

会计主管：　　　记账：　　　审核：　　　填制：张杰

实训四　设置和登记明细账

一、实训目的

正确设置和登记明细账。

二、实训内容

按各账户的期初余额，设置所需的明细账户；记账凭证经审核无误后，正确登记明细账；对需要新建立的账户应及时设置，并登记所发生业务。

三、实训要求

1. 按各账户的期初余额正确开立各种明细账

（1）对于存货类账户应选择数量金额式明细账以便于加强对实物的管理与控制；费用和收入类账户可选择多栏式明细账（也可用三栏式明细账替代，将所设栏目设置成明细账户）；往来账等其他账户一般都选择三栏式明细账。

（2）设置账户时，首先在账页上要标明总账名称和明细账目名称；“日期”栏内填写本账使用的年度；在第一行的“月份”栏写出月份，“日”栏内写“1”；“凭证号数”栏空；“摘要”栏内写上“期初余额”或“上年（月）结转”；“借方”“贷方”栏空；“借或贷”栏根据余额所在借贷方向写“借”或写“贷”；“余额”栏内写期初余额。

2. 记账凭证经审核无误后按所对应的账户，登记各明细账户

（1）按实际填写日，登记“日期”栏；“凭证号”栏填写记账凭证的编号；“摘要”栏填写记账凭证的摘要内容；“借方”“贷方”栏填写记账凭证中所记录的金额，与记账凭证填写的方向要一致；“余额”栏填写上一行中的余额加本行借方发生额（贷方发生额）或减本行借方发生额（贷方发生额）的值；数量金额式明细账的“数量”栏按原始凭证中所载的实际收发数量填写；“单价”栏按实际计价方法计算，并按要求填写或不填写。

（2）每页最后一行“日期”栏填写当前日期;“摘要”栏内填写“转下页”或“接下页”;“借方”“贷方”栏填写借、贷方本期发生额汇总数;“余额”栏填写月初余额加借方发生额（或贷方发生额）汇总额减贷方发生额（或借方发生额）汇总额的值（与上行余额值相等），同时将该行内容结转至下页的第一行，“摘要”栏内写“接上页”或“承上页”，其他内容同上页最后一行一致。

（3）每月业务登记完毕后，做月结工作。

四、实训资料及实训备品

1. 明细账格式及填写示例（见第 57 页）。

2. 各账户的期初余额（见下表）。

<table>
<tr><th></th><th colspan="2">账户</th><th>期初余额（元）</th><th>数量</th></tr>
<tr><td>1</td><td colspan="2">银行存款</td><td>200 000.00</td><td></td></tr>
<tr><td>2</td><td colspan="2">库存现金</td><td>1 000.00</td><td></td></tr>
<tr><td rowspan="3">3</td><td rowspan="3">原材料</td><td>砂糖</td><td>30 000.00</td><td>10 吨</td></tr>
<tr><td>卵磷脂</td><td>64 000.00</td><td>2.5 吨</td></tr>
<tr><td>乳清粉</td><td>359 000.00</td><td>50 吨</td></tr>
<tr><td>4</td><td colspan="2">包装物：铝铂袋</td><td>120 000.00</td><td>220 000 个</td></tr>
<tr><td rowspan="5">5</td><td rowspan="5">应收账款</td><td>晶晶商店</td><td>180 000.00</td><td></td></tr>
<tr><td>大华商店</td><td>96 000.00</td><td></td></tr>
<tr><td>大庆地下商场</td><td>446 500.00</td><td></td></tr>
<tr><td>深圳杰人商厦</td><td>228 600.00</td><td></td></tr>
<tr><td>上海丽华商店</td><td>186 500.00</td><td></td></tr>
<tr><td rowspan="2">6</td><td rowspan="2">库存商品</td><td>甜粉</td><td>168 000.00</td><td>1 400 箱（20 袋 / 箱）</td></tr>
<tr><td>婴儿粉</td><td>176 000.00</td><td>1 600 箱（20 袋 / 箱）</td></tr>
<tr><td rowspan="3">7</td><td rowspan="3">固定资产</td><td>厂房</td><td>1 500 000.00</td><td></td></tr>
<tr><td>设备</td><td>1 380 000.00</td><td></td></tr>
<tr><td>办公楼</td><td>890 000.00</td><td></td></tr>
<tr><td>8</td><td colspan="2">累计折旧</td><td>280 000.00</td><td></td></tr>
<tr><td>9</td><td colspan="2">短期借款</td><td>40 000.00</td><td></td></tr>
<tr><td rowspan="4">10</td><td rowspan="4">应付账款</td><td>齐齐哈尔农牧厂</td><td>390 000.00</td><td></td></tr>
<tr><td>哈尔滨食品添加剂厂</td><td>421 600.00</td><td></td></tr>
<tr><td>第一奶站</td><td>284 000.00</td><td></td></tr>
<tr><td>第二奶站</td><td>210 000.00</td><td></td></tr>
<tr><td>11</td><td colspan="2">长期借款</td><td>900 000.00</td><td></td></tr>
<tr><td rowspan="2">12</td><td rowspan="2">实收资本</td><td>齐齐哈尔华齐乳品厂</td><td>2 000 000.00</td><td></td></tr>
<tr><td>省乳业集团公司</td><td>1 500 000.00</td><td></td></tr>
</table>

3. 记账凭证（见第 64 页）。

4. 需明细账（三栏式 30 页，日记账 2 页，数量金额式 10 页，多栏式 4 页，应交税费明细账 2 页）。

明细账格式及填写示例：

三栏式：

应收账款　明细账

二级或明细科目：金星公司　　　　　　　　　　　　　　　　　　　　第 4 页

2016年		凭证号	摘要	对方科目	借方									贷方									借或贷	余额								
月	日				百	十	万	千	百	十	元	角	分	百	十	万	千	百	十	元	角	分		百	十	万	千	百	十	元	角	分
4		96	上月结款																				借		1	4	5	6	0	0	0	0
4	10	84	收回欠款	102											1	2	0	0	0	0	0	0	借			2	5	6	0	0	0	0
4	18	126	赊销产品	501 221			8	9	0	0	0	0	0										借		1	1	4	6	0	0	0	0
4	30		月结				8	9	0	0	0	0	0		1	2	0	0	0	0	0	0	借		1	1	4	6	0	0	0	0

短期借款　明细账

二级或明细科目：工商行　　　　　　　　　　　　　　　　　　　　第 29 页

2016年		凭证号	摘要	对方科目	借方									贷方									借或贷	余额								
月	日				百	十	万	千	百	十	元	角	分	百	十	万	千	百	十	元	角	分		百	十	万	千	百	十	元	角	分
4	12	96	借款	102											1	0	0	0	0	0	0	0	贷		1	0	0	0	0	0	0	0
4	30		月结												1	0	0	0	0	0	0	0	贷		1	0	0	0	0	0	0	0

多栏式：

管理费用　明细账

二级或明细科目：______

第1页

2016年 月	2016年 日	凭证号	摘要	对方科目	借方 办公费 (十万千百十元角分)	借方 招待费 (十万千百十元角分)	借方 折旧 (十万千百十元角分)	借方 其他 (十万千百十元角分)	贷方 (百十万千百十元角分)	借或贷	余额 (百十万千百十元角分)
7	2	3	报办公用品费	1001	9600					借	9600
7	5	12	招待费(李晓蕊)	1001		21000				借	30600
7	14	57	报办公用品费	1001	12300					借	42900
7	16	84	计提折旧	1602			3480000			借	3522900
7	31	174	结转本年利润	4103					3522900	平	000

管理费用 明细账

二级或明细科目：________ 第 1 页

2016年 月	2016年 日	凭证号	摘要	对方科目	借方 办公费	借方 招待费	借方 折旧	借方 工资	借或贷	余额
7	2	3	报办公用品费	1001	9600				借	9600
7	5	12	招待费（李晓蕊）	1001		21000			借	30600
7	14	57	报办公用品费	1001	12300				借	42900
7	16	84	计提折旧	1602			3480000		借	3522900
7	31	174	结转本年利润	4103	(21900)	(21000)	(3480000)		平	000

数量金额式（双三栏式）：

原材料 明细账

名称及规格：卵磷脂　　　　计量单位：吨　　　　第5页

2016年		凭证号	摘要	对方科目	收入（借方）											发出（贷方）											结存（余额）										
					数量	单价	金额									数量	单价	金额									数量	单价	金额								
月	日						百	十	万	千	百	十	元	角	分			百	十	万	千	百	十	元	角	分			百	十	万	千	百	十	元	角	分
1	10		承上页		4	28 000.00		1	1	2	0	0	0	0	0	2	25 600.00			5	1	2	0	0	0	0	5	25 600.00		1	2	8	0	0	0	0	0
1	15	081	购入	1002	5	27 000.00		1	3	5	0	0	0	0	0												10	26 300.00		2	6	3	0	0	0	0	0
1	20	098	领用	5001												4	26 300.00		1	0	5	2	0	0	0	0	6	26 300.00		1	5	7	8	0	0	0	0

库存商品　明细账

名称及规格：甜粉　　　　计量单位：箱　　　　第98页

2016年		凭证号	摘要	对方科目	收入（借方）											发出（贷方）											结存（余额）										
					数量	单价	金额									数量	单价	金额									数量	单价	金额								
月	日						百	十	万	千	百	十	元	角	分			百	十	万	千	百	十	元	角	分			百	十	万	千	百	十	元	角	分
1	8		承上页		1 000	120.00		1	2	0	0	0	0	0	0	450	120.00			5	4	0	0	0	0	0	825	120.00			9	9	0	0	0	0	0
1	9	063	销售甜粉	6401												500	120.00			6	0	0	0	0	0	0	325	120.00			3	9	0	0	0	0	0
1	12	072	销售甜粉	6401												5	120.00					6	0	0	0	0	320	120.00			3	8	4	0	0	0	0

其他格式（一般可以认为是多栏式的特殊形式）：

应交税费明细账

二级科目：应交增值税　　　　　　　　　　　　　　　　本账第 31 页

明细科目：　　　　　　　　　　　　　　　　　　　　　本户第 8 页

2016年		凭证号	对方科目	摘要	借方金额			贷方金额				借或贷	余额
月	日				进项税额	已交税金		销项税额	出口退税	进项税额转出			
1	20			承上页	6 800.00	17 000.00		5 100.00				贷	3 400.00
1	21	114	1122	销售产品				10 200.00				贷	13 600.00
1	23	127	1002	销售产品				6 800.00				贷	20 400.00
1	26	152		采购材料	34 000.00							借	13 600.00

固定资产明细分类账

单位：齐齐哈尔华齐乳品厂　　编号：104671　　本账第 121 页
类别：设备　　名称：浓缩灌　　本户第 1 页

使用年限	15	折旧率	0.55%（月）	使用单位	基本生产车间	附属品	名称	规格	数量	名称	规格	数量
残值	8 000.00	折旧额	792 000.00	停止使用期限	2016 年 1 月 25 日							

2016 年		凭证号	摘要	固定资产原值						折旧			净值
				借方		贷方		余额		增加金额	减少金额	累计余额	
月	日			数量	金额	数量	金额	数量	金额				
1	25	081	购入	1	800 000.00			1	800 000.00				800 000.00
2	15	067	计提折旧							4 400.00		4 400.00	795 600.00
3	15	045	计提折旧							4 400.00		8 800.00	791 200.00

记账凭证：

齐齐哈尔华齐乳品厂

记 账 凭 证

2016 年 9 月 1 日　　　　顺序第 1 号

摘 要	会计科目		过账	借方金额									贷方金额								
	一级科目	二级或明细科目		百	十	万	千	百	十	元	角	分	百	十	万	千	百	十	元	角	分
赊购原料	原材料	卵磷脂				2	5	6	0	0	0	0									
	应交税费	应交增值税					4	3	5	2	0	0									
	应付账款	省豆业公司													2	9	9	5	2	0	0

附原始凭证 2 张

会计主管：　　　　记账：　　　　审核：　　　　填制：张杰

（注：数量 1 吨）

齐齐哈尔华齐乳品厂

记 账 凭 证

2016 年 9 月 1 日　　　　顺序第 2 号

摘 要	会计科目		过账	借方金额									贷方金额								
	一级科目	二级或明细科目		百	十	万	千	百	十	元	角	分	百	十	万	千	百	十	元	角	分
预支差旅费	其他应收款	刘明						6	0	0	0	0									
	库存现金																6	0	0	0	0

附原始凭证 1 张

会计主管：　　　　记账：　　　　审核：　　　　填制：张杰

齐齐哈尔华齐乳品厂

记 账 凭 证

2016 年 9 月 1 日　　　　　　　　顺序第 3 号

摘　要	会计科目		过账	借方金额									贷方金额								
	一级科目	二级或明细科目		百	十	万	千	百	十	元	角	分	百	十	万	千	百	十	元	角	分
收购鲜奶	原材料	鲜奶				7	7	7	4	2	0	0									
	应交税费	应交增值税					8	6	3	8	0	0									
	银行存款														8	6	3	8	0	0	0

附原始凭证 23 张

会计主管：　　　　记账：　　　　审核：　　　　填制：张杰

（注：数量 70 吨）

齐齐哈尔华齐乳品厂

记 账 凭 证

2016 年 9 月 2 日　　　　　　　　顺序第 4 号

摘　要	会计科目		过账	借方金额									贷方金额								
	一级科目	二级或明细科目		百	十	万	千	百	十	元	角	分	百	十	万	千	百	十	元	角	分
购置设备	固定资产	设备				8	0	0	0	0	0	0									
	银行存款														8	0	0	0	0	0	0

附原始凭证 4 张

会计主管：　　　　记账：　　　　审核：　　　　填制：张杰 t

齐齐哈尔华齐乳品厂

记 账 凭 证

2016 年 9 月 2 日　　　　顺序第 5 号

摘 要	会计科目		过账	借方金额									贷方金额								
	一级科目	二级或明细科目		百	十	万	千	百	十	元	角	分	百	十	万	千	百	十	元	角	分
领料	生产成本	甜粉				8	3	7	4	2	0	0									
	原材料	鲜奶													7	7	7	4	2	0	0
		砂糖														6	0	0	0	0	0

附原始凭证 2 张

会计主管：　　　　记账：　　　　审核：　　　　填制：张杰

（注：鲜奶 70 吨，砂糖 2 吨）

齐齐哈尔华齐乳品厂

记 账 凭 证

2016 年 9 月 2 日　　　　顺序第 6 号

摘 要	会计科目		过账	借方金额									贷方金额								
	一级科目	二级或明细科目		百	十	万	千	百	十	元	角	分	百	十	万	千	百	十	元	角	分
领料	生产成本	甜粉				1	8	7	5	6	3	5									
	原材料	卵磷脂														5	1	2	0	0	0
	包装物	铝铂袋													1	3	6	3	6	3	5

附原始凭证 2 张

会计主管：　　　　记账：　　　　审核：　　　　填制：张杰

（注：卵磷脂 200 公斤，铝铂袋 25 000 个）

齐齐哈尔华齐乳品厂

记 账 凭 证

2016 年 9 月 4 日　　　　顺序第 7 号

摘 要	会计科目		过账	借方金额									贷方金额								
	一级科目	二级或明细科目		百	十	万	千	百	十	元	角	分	百	十	万	千	百	十	元	角	分
赊销甜粉	应收账款	晶晶商店				4	6	8	0	0	0	0									
	主营业务收入	甜粉													4	0	0	0	0	0	0
	应交税费	应交增值税														6	8	0	0	0	0

附原始凭证 1 张

会计主管：　　　　记账：　　　　审核：　　　　填制：张杰

齐齐哈尔华齐乳品厂

记 账 凭 证

2016 年 9 月 4 日　　　　顺序第 8 号

摘 要	会计科目		过账	借方金额									贷方金额								
	一级科目	二级或明细科目		百	十	万	千	百	十	元	角	分	百	十	万	千	百	十	元	角	分
收回欠款	银行存款				2	2	8	6	0	0	0	0									
	应收账款	深圳杰人商厦												2	2	8	6	0	0	0	0

附原始凭证 1 张

会计主管：　　　　记账：　　　　审核：　　　　填制：张杰

齐齐哈尔华齐乳品厂

记 账 凭 证

2016 年 9 月 5 日　　　　　　　　顺序第 9 号

摘 要	会计科目		过账	借方金额									贷方金额								
	一级科目	二级或明细科目		百	十	万	千	百	十	元	角	分	百	十	万	千	百	十	元	角	分
购买票据	财务费用							2	8	4	5	7									
	库存现金																2	8	4	5	7

附原始凭证 5 张

会会计主管：　　　　记账：　　　　审核：　　　　填制：张杰

齐齐哈尔华齐乳品厂

记 账 凭 证

2016 年 9 月 6 日　　　　　　　　顺序第 10 号

摘 要	会计科目		过账	借方金额									贷方金额								
	一级科目	二级或明细科目		百	十	万	千	百	十	元	角	分	百	十	万	千	百	十	元	角	分
提现	库存现金							8	0	0	0	0									
	银行存款																8	0	0	0	0

附原始凭证 2 张

会计主管：　　　　记账：　　　　审核：　　　　填制：张杰

齐齐哈尔华齐乳品厂

记 账 凭 证

2016 年 9 月 7 日　　　　顺序第 11 号

摘 要	会计科目		过账	借方金额									贷方金额								
	一级科目	二级或明细科目		百	十	万	千	百	十	元	角	分	百	十	万	千	百	十	元	角	分
计提折旧	管理费用	折旧费					4	4	5	0	0	0									
	制造费用	折旧费				1	8	5	4	0	0	0									
	累计折旧														2	2	9	9	0	0	0

附原始凭证 1 张

会计主管：　　记账：　　审核：　　填制：张杰

齐齐哈尔华齐乳品厂

记 账 凭 证

2016 年 9 月 8 日　　　　顺序第 12 号

摘 要	会计科目		过账	借方金额									贷方金额								
	一级科目	二级或明细科目		百	十	万	千	百	十	元	角	分	百	十	万	千	百	十	元	角	分
销售奶粉	银行存款					2	3	1	6	6	0	0									
	主营业务收入	婴儿粉													1	9	8	0	0	0	0
	应交税费	应交增值税														3	3	6	6	0	0

附原始凭证 2 张

会计主管：　　记账：　　审核：　　填制：张杰

齐齐哈尔华齐乳品厂

记 账 凭 证

2016年9月9日　　　　顺序第13号

摘要	会计科目		过账	借方金额									贷方金额								
	一级科目	二级或明细科目		百	十	万	千	百	十	元	角	分	百	十	万	千	百	十	元	角	分
车间购买办公用品	制造费用	办公费						8	2	0	0	0									
	银行存款																8	2	0	0	0

附原始凭证3张

会计主管：　　　　记账：　　　　审核：　　　　填制：张杰

齐齐哈尔华齐乳品厂

记 账 凭 证

2016年9月9日　　　　顺序第14号

摘要	会计科目		过账	借方金额									贷方金额								
	一级科目	二级或明细科目		百	十	万	千	百	十	元	角	分	百	十	万	千	百	十	元	角	分
报办公用品费	管理费用	办公费						1	8	2	0	0									
	库存现金																1	8	2	0	0

附原始凭证1张

会计主管：　　　　记账：　　　　审核：　　　　填制：张杰

齐齐哈尔华齐乳品厂

记 账 凭 证

2016年9月10日　　　　顺序第15号

摘 要	会计科目		过账	借方金额									贷方金额								
	一级科目	二级或明细科目		百	十	万	千	百	十	元	角	分	百	十	万	千	百	十	元	角	分
赊销奶粉	应收账款	深圳杰人商厦			1	8	1	3	0	0	0	0									
	主营业务收入	甜粉													6	0	0	0	0	0	0
		婴儿粉													9	0	0	0	0	0	0
	应交税费	应交增值税													3	1	3	0	0	0	0

附原始凭证5张

会计主管：　　　　记账：　　　　审核：　　　　填制：张杰

齐齐哈尔华齐乳品厂

记 账 凭 证

2016年9月12日　　　　顺序第16号

摘 要	会计科目		过账	借方金额									贷方金额								
	一级科目	二级或明细科目		百	十	万	千	百	十	元	角	分	百	十	万	千	百	十	元	角	分
报差旅费	管理费用	办公费						5	4	2	6	3									
	库存现金								5	7	3	7									
	其他应收款	刘明															6	0	0	0	0

附原始凭证32张

会计主管：　　　　记账：　　　　审核：　　　　填制：张杰

齐齐哈尔华齐乳品厂

记 账 凭 证

2016 年 9 月 13 日　　　　　　　　顺序第 17 号

摘　要	会计科目		过账	借方金额									贷方金额								
	一级科目	二级或明细科目		百	十	万	千	百	十	元	角	分	百	十	万	千	百	十	元	角	分
付广告费	销售费用	广告费				8	4	0	0	0	0	0									
	银行存款														8	4	0	0	0	0	0

附原始凭证 2 张

会计主管：　　　　记账：　　　　审核：　　　　填制：张杰

齐齐哈尔华齐乳品厂

记 账 凭 证

2016 年 9 月 14 日　　　　　　　　顺序第 18 号

摘　要	会计科目		过账	借方金额									贷方金额								
	一级科目	二级或明细科目		百	十	万	千	百	十	元	角	分	百	十	万	千	百	十	元	角	分
借款	银行存款				2	0	0	0	0	0	0	0									
	短期借款													2	0	0	0	0	0	0	0

附原始凭证 4 张

会计主管：　　　　记账：　　　　审核：　　　　填制：张杰

齐齐哈尔华齐乳品厂

记 账 凭 证

2016 年 9 月 15 日　　　　顺序第 19 号

摘 要	会计科目		过账	借方金额									贷方金额								
	一级科目	二级或明细科目		百	十	万	千	百	十	元	角	分	百	十	万	千	百	十	元	角	分
购砂糖	原材料	砂糖				3	0	0	0	0	0	0									
	应交税费	应交增值税					5	1	0	0	0	0									
	银行存款														3	5	1	0	0	0	0

附原始凭证 3 张

会计主管：　　　　记账：　　　　审核：　　　　填制：张杰

（注：数量 10 吨）

齐齐哈尔华齐乳品厂

记 账 凭 证

2016 年 9 月 16 日　　　　顺序第 20 号

摘 要	会计科目		过账	借方金额									贷方金额								
	一级科目	二级或明细科目		百	十	万	千	百	十	元	角	分	百	十	万	千	百	十	元	角	分
偿还欠款	应付账款	哈尔滨食品添加剂厂			2	0	0	0	0	0	0	0									
	银行存款													2	0	0	0	0	0	0	0

附原始凭证 1 张

会计主管：　　　　记账：　　　　审核：　　　　填制：张杰

齐齐哈尔华齐乳品厂

记 账 凭 证

2016 年 9 月 18 日　　　　顺序第 21 号

摘　要	会计科目		过账	借方金额									贷方金额								
	一级科目	二级或明细科目		百	十	万	千	百	十	元	角	分	百	十	万	千	百	十	元	角	分
收回欠款	银行存款				3	0	0	0	0	0	0	0									
	应收账款	大庆地下商场												3	0	0	0	0	0	0	0

附原始凭证 1 张

会计主管：　　　　记账：　　　　审核：　　　　填制：张杰

齐齐哈尔华齐乳品厂

记 账 凭 证

2016 年 9 月 19 日　　　　顺序第 22 号

摘　要	会计科目		过账	借方金额									贷方金额								
	一级科目	二级或明细科目		百	十	万	千	百	十	元	角	分	百	十	万	千	百	十	元	角	分
销售奶粉	应收账款	哈尔滨大华商店				2	3	4	0	0	0	0									
	主营业务收入	甜粉													2	0	0	0	0	0	0
	应交税费	应交增值税														3	4	0	0	0	0

附原始凭证 2 张

会计主管：　　　　记账：　　　　审核：　　　　填制：张杰

齐齐哈尔华齐乳品厂

记 账 凭 证

2016 年 9 月 19 日　　　　顺序第 23 号

摘　要	会计科目		过账	借方金额									贷方金额								
	一级科目	二级或明细科目		百	十	万	千	百	十	元	角	分	百	十	万	千	百	十	元	角	分
付销售奶粉运费	销售费用	运杂费					1	2	0	0	0	0									
	银行存款															1	2	0	0	0	0

附原始凭证 1 张

会计主管：　　　　记账：　　　　审核：　　　　填制：张杰

齐齐哈尔华齐乳品厂

记 账 凭 证

2016 年 9 月 20 日　　　　顺序第 24 号

摘　要	会计科目		过账	借方金额									贷方金额								
	一级科目	二级或明细科目		百	十	万	千	百	十	元	角	分	百	十	万	千	百	十	元	角	分
销售甜粉	银行存款					1	1	7	0	0	0	0									
	主营业务收入	甜粉													1	0	0	0	0	0	0
	应交税费	应交增值税														1	7	0	0	0	0

附原始凭证 2 张

会计主管：　　　　记账：　　　　审核：　　　　填制：张杰

齐齐哈尔华齐乳品厂

记 账 凭 证

2016年9月20日　　　　顺序第25号

摘　要	会计科目		过账	借方金额									贷方金额								
	一级科目	二级或明细科目		百	十	万	千	百	十	元	角	分	百	十	万	千	百	十	元	角	分
付销售奶粉运费	销售费用	运杂费						1	8	0	0	0									
	银行存款																1	8	0	0	0

附原始凭证1张

会计主管：　　记账：　　审核：　　填制：张杰

齐齐哈尔华齐乳品厂

记 账 凭 证

2016年9月21日　　　　顺序第26号

摘　要	会计科目		过账	借方金额									贷方金额								
	一级科目	二级或明细科目		百	十	万	千	百	十	元	角	分	百	十	万	千	百	十	元	角	分
报办公用品费	管理费用	办公费						1	9	7	5	0									
	库存现金																1	9	7	5	0

附原始凭证4张

会计主管：　　记账：　　审核：　　填制：张杰

齐齐哈尔华齐乳品厂

记 账 凭 证

2016年9月22日　　　　顺序第27号

摘要	会计科目		过账	借方金额									贷方金额								
	一级科目	二级或明细科目		百	十	万	千	百	十	元	角	分	百	十	万	千	百	十	元	角	分
付电费	制造费用	电费				1	2	8	4	0	0	0									
	管理费用	电费					4	8	0	0	0	0									
	银行存款														1	7	6	4	0	0	0

附原始凭证3张

会计主管：　　　　记账：　　　　审核：　　　　填制：张杰

齐齐哈尔华齐乳品厂

记 账 凭 证

2016年9月23日　　　　顺序第28号

摘要	会计科目		过账	借方金额									贷方金额								
	一级科目	二级或明细科目		百	十	万	千	百	十	元	角	分	百	十	万	千	百	十	元	角	分
核算工资	生产成本	甜粉				1	7	2	6	8	0	0									
	制造费用	工资					6	4	1	7	0	0									
	管理费用	工资					3	8	7	0	0	0									
	应付职工薪酬														2	7	5	5	5	0	0

附原始凭证1张

会计主管：　　　　记账：　　　　审核：　　　　填制：张杰

齐齐哈尔华齐乳品厂

记 账 凭 证

2016 年 9 月 25 日　　　　顺序第 29 号

摘 要	会计科目		过账	借方金额									贷方金额								
	一级科目	二级或明细科目		百	十	万	千	百	十	元	角	分	百	十	万	千	百	十	元	角	分
提现	库存现金					2	7	5	5	5	0	0									
	银行存款														2	7	5	5	5	0	0

附原始凭证 1 张

会计主管：　　　　记账：　　　　审核：　　　　填制：张杰

齐齐哈尔华齐乳品厂

记 账 凭 证

2016 年 9 月 25 日　　　　顺序第 30 号

摘 要	会计科目		过账	借方金额									贷方金额								
	一级科目	二级或明细科目		百	十	万	千	百	十	元	角	分	百	十	万	千	百	十	元	角	分
发工资	应付职工薪酬					2	7	5	5	5	0	0									
	库存现金														2	7	5	5	5	0	0

附原始凭证 1 张

会计主管：　　　　记账：　　　　审核：　　　　填制：张杰

齐齐哈尔华齐乳品厂

记 账 凭 证

2016 年 9 月 26 日　　　　　　　　顺序第 31 号

摘　要	会计科目		过账	借方金额									贷方金额								
	一级科目	二级或明细科目		百	十	万	千	百	十	元	角	分	百	十	万	千	百	十	元	角	分
分配制造费用	生产成本	甜粉				3	8	6	1	7	0	0									
	制造费用														3	8	6	1	7	0	0

附原始凭证 1 张

会计主管：　　　　记账：　　　　审核：　　　　填制：张杰

齐齐哈尔华齐乳品厂

记 账 凭 证

2016 年 9 月 27 日　　　　　　　　顺序第 32 号

摘　要	会计科目		过账	借方金额									贷方金额								
	一级科目	二级或明细科目		百	十	万	千	百	十	元	角	分	百	十	万	千	百	十	元	角	分
产品完工入库	库存商品	甜粉			1	5	3	8	8	3	3	5									
	生产成本	甜粉												1	5	3	8	8	3	3	5

附原始凭证 1 张

会计主管：　　　　记账：　　　　审核：　　　　填制：张杰

（注：甜粉 1 250 箱）

齐齐哈尔华齐乳品厂

记 账 凭 证

2016 年 9 月 28 日　　　　顺序第 33 号

摘 要	会计科目		过账	借方金额									贷方金额								
	一级科目	二级或明细科目		百	十	万	千	百	十	元	角	分	百	十	万	千	百	十	元	角	分
结算销售成本	主营业务成本	甜粉				7	8	0	0	0	0	0									
	库存商品	甜粉													7	8	0	0	0	0	0

附原始凭证 3 张

会计主管：　　　　记账：　　　　审核：　　　　填制：张杰

（注：甜粉 650 箱）

齐齐哈尔华齐乳品厂

记 账 凭 证

2016 年 9 月 28 日　　　　顺序第 34 号

摘 要	会计科目		过账	借方金额									贷方金额								
	一级科目	二级或明细科目		百	十	万	千	百	十	元	角	分	百	十	万	千	百	十	元	角	分
结转销售成本	主营业务成本	婴儿粉				6	7	1	0	0	0	0									
	库存商品	婴儿粉													6	7	1	0	0	0	0

附原始凭证 2 张

会计主管：　　　　记账：　　　　审核：　　　　填制：张杰

（注：婴儿粉 610 箱）

实训五　设置和登记总账

一、实训目的

正确掌握总账的设置和登记总账的三种基本记账方法。

二、实训内容

按所给的账户的期初余额正确设置总账账户；分别按记账凭证账务处理程序登记总账方法、汇总记账凭证账务处理程序登记总账方法和科目汇总表账务处理程序登记总账方法登记总账。

三、实训要求

1.根据所给出的期初余额正确设置总账，其方法参考明细账户的设置方法。

2.根据记账凭证、汇总记账凭证或科目汇总表所涉及的账户登记总账。

（1）记账凭证账务处理程序登记总账方法

登记总账时直接根据记账凭证登记，中间不采用任何形式的汇总。

（2）汇总记账凭证账务处理程序登记总账方法

按记账凭证分类汇总，登记汇总记账凭证，根据汇总记账凭证登记总账(记账凭证类型一般应选择专用凭证格式)。

①汇总收款凭证应根据现金、银行存款的收款凭证，分别按现金、银行存款账户的借方设置，并按其对应的贷方账户归类汇总；汇总付款凭证，应根据现金、银行存款的付款凭证，分别按现金、银行存款账户的贷方设置，并按其对应的借方账户归类汇总；汇总转账凭证应根据转账凭证贷方所涉及的账户设置，并按其对应的借方账户归类汇总。

②对于现金和银行存款之间的划转业务所填制的付款凭证的汇总，只按贷方科目设置，并对借方汇总，而借方不再设置。

③记账栏为标记栏，若某汇总金额已登入总账，则在相应记账栏的借、贷方栏内画“√”、盖簿记戳或以记入总账页页码标出，表明已将该金额登入总账。

④汇总记账凭证一般进行定期汇总填制，可分5天、10天或15天汇总一次，每月填写一张，并据以登记总账。

（3）科目汇总表账务处理程序登记总账方法

按会计科目进行汇总填写科目汇总表并据以登记总账。

①根据记账凭证所涉及的账户按国家给定的科目顺序填写科目汇总表上的“科目名称”(或会计科目、或账户名称)栏；根据记账凭证逐科目分别进行借、贷方发生额汇总、记入相应的“借方”“贷方”栏(借、贷方发生额合计金额应相等)；逐科目地将借、贷方发生额记入到相应的总账中去。

②科目汇总表一般进行定期汇总填制，可分5天、10天或15天汇总一次，每月写一张。

四、实训资料及实训备品

1. 汇总记账凭证示例(第 83 页)。
2. 科目汇总表示例(第 85 页)。
3. 各账户的期初余额。

账户名称	期初余额
银行存款	200 000 元
库存现金	1 000 元
原材料	453 000 元
包装物	120 000 元
应收账款	1 137 600 元
库存商品	234 000 元
固定资产	3 880 000 元
累计折旧	280 000 元
短期借款	140 000 元
应付账款	1 305 600 元
长期借款	800 000 元
实收资本	3 500 000 元

4 . 记账凭证（第 86 页）。
5 . 需汇总记账凭证：汇总收款凭证 2 张，汇总付款凭证 2 张，汇总转账凭证 8 张。
6 . 需科目汇总表 4 张。
7 . 总账（第 100 页）。

汇总记账凭证示例：

汇总收款凭证

借方账户：银行存款　　　　2016年1月份　　　　第1号

贷方账户	金额				记账	
	（1）	（2）	（3）	合计	借方	贷方
主营业务收入	10 000.00	2 000.00	4 000.00	16 000.00	√	√
应交税费	1 700.00	340.00	680.00	2 720.00	√	√
应收账款	20 000.00			20 000.00	√	√

附件
（1）自01日至10日　收款凭证　共　3　张
（2）自11日至20日　收款凭证　共　1　张
（3）自21日至31日　收款凭证　共　2　张

汇总收款凭证

贷方账户：现金　　　　2016年1月份　　　　第1号

借方账户	金额				记账	
	（1）	（2）	（3）	合计	借方	贷方
管理费用	200.00	76.00		276.00	√	√
应付职工薪酬			12 680.00	12 680.00	√	√
低值易耗品	98.00			98.00	√	√
原材料		56.00		56.00		

附件
（1）自01日至10日　付款凭证　共　2　张
（2）自11日至20日　付款凭证　共　2　张
（3）自21日至31日　付款凭证　共　1　张

汇总收款凭证

贷方账户：原材料　　　　2016年1月份　　　　第1号

借方账户	金额				记账	
	（1）	（2）	（3）	合计	借方	贷方
生产成本	5 000.00	2 000.00		7 000.00	√	√
制造费用	100.00			100.00	√	√

附件
（1）自01日至10日　转账凭证　共　2　张
（2）自11日至20日　转账凭证　共　1　张
（3）自21日至31日　转账凭证　共　0　张

汇总收款凭证

贷方账户：生产成本　　　　2016年1月份　　　　第2号

借方账户	金额				记账	
	（1）	（2）	（3）	合计	借方	贷方
产成品			12 500.00	12 500.00	√	√

附件
（1）自01日至10日　转账凭证　共　0　张
（2）自11日至20日　转账凭证　共　0　张
（3）自21日至31日　转账凭证　共　1　张

科目汇总表示例：

科目汇总表

2016 年 5 月　　　　第 1 号

会计科目	账页	1 – 10 日		11 – 20 日		21 – 31 日		本月合计	
		借方	贷方	借方	贷方	借方	贷方	借方	贷方
库存现金		61 230.00	61 000.00	589.00	1220.00		45.00	61 819.00	62 265.00
银行存款		99 800.00	6 000.00	1 230.00	11 000.00	20 000.00	10 000.00	121 030.00	27 000.00
应收账款			8 000.00	6 000.00	3 000.00	10 000.00		16 000.00	11 000.00
原材料				9 000.00			8 000.00	9 000.00	8 000.00
库存商品		21 000.00			6 000.00		2 000.00	21 000.00	8 000.00
固定资产									
累计折旧							3 000.00		3 000.00
生产成本		10 200.00	21 000.00			8 000.00	67 255.00	18 200.00	88 255.00
制造费用		200.00			800.00			200.00	800.00
短期借款									
应付账款		6 000.00			3 000.00	2 000.00		8 000.00	3 000.00
应付职工薪酬		61 000.00	69 540.00					61 000.00	69 540.00
应交税费			8 190.00						8 190.00
主营业务收入			90 000.00						100 000.00
主营业务成本					10 000.00	50 000.00		50 000.00	
销售费用		4 000.00		18 101.00				22 101.00	
管理费用		300.00		100.00		300.00		700.00	
合　　计		263 730.00	263 730.00	35 020.00	35 020.00	90 300.00	90 300.00	389 050.00	389 050.00

注：会计人员可根据每月汇总后的合计值登记到相应的账户中去。

记账凭证：

齐齐哈尔华齐乳品厂

收 款 凭 证

总　第5号

借方科目：库存现金　~~银行存款~~　　2016年9月3日　　收字第1号

摘要	贷方科目		过账	金额								
	一级科目	二级或明细科目		百	十	万	千	百	十	元	角	分
零销婴儿粉	主营业务收入	婴儿粉	√					2	0	0	0	0
	应交税费	应交增值税	√						3	4	0	0

附原始凭证2张

会计主管：　　记账：张玉　　审核：王平　　填制：王兰

齐齐哈尔华齐乳品厂

收 款 凭 证

总　第7号

借方科目：~~库存现金~~　银行存款　　2016年9月3日　　收字第2号

摘要	贷方科目		过账	金额								
	一级科目	二级或明细科目		百	十	万	千	百	十	元	角	分
销售甜粉	主营业务收入	甜粉	√				2	0	0	0	0	0
	应交税费	应交增值税	√					3	4	0	0	0

附原始凭证2张

会计主管：　　记账：张玉　　审核：王平　　填制：王兰

齐齐哈尔华齐乳品厂

收款凭证

总 第17号

借方科目：~~库存现金~~ 银行存款　　2016年9月12日　　收字第 3 号

摘要	贷方科目		过账	金额								
	一级科目	二级或明细科目		百	十	万	千	百	十	元	角	分
收回货款	应收账款	深圳光大商厦	√			2	1	0	6	0	0	0

附原始凭证 1 张

会计主管：　　记账：张玉　　审核：王平　　填制：王兰

齐齐哈尔华齐乳品厂

收款凭证

总 第18号

借方科目：~~库存现金~~ 银行存款　　2016年9月12日　　收字第 4 号

摘要	贷方科目		过账	金额								
	一级科目	二级或明细科目		百	十	万	千	百	十	元	角	分
收回货款	应收账款	晶晶商店	√			4	6	8	0	0	0	0

附原始凭证 1 张

会计主管：　　记账：张玉　　审核：王平　　填制：王兰

齐齐哈尔华齐乳品厂

付 款 凭 证

总 第1号

贷方科目：~~库存现金~~ 银行存款　　2016年9月1日　　付字第1号

摘 要	贷方科目		过账	金额								
	一级科目	二级或明细科目		百	十	万	千	百	十	元	角	分
购原料	原材料	卵磷脂	√			2	5	6	0	0	0	0
	应交税费	应交增值税	√				4	3	5	2	0	0

附原始凭证2张

会计主管：　　记账：张玉　　审核：王平　　填制：王兰

齐齐哈尔华齐乳品厂

付 款 凭 证

总 第2号

贷方科目：~~库存现金~~ 银行存款　　2016年9月1日　　付字第2号

摘 要	贷方科目		过账	金额								
	一级科目	二级或明细科目		百	十	万	千	百	十	元	角	分
购鲜奶	原材料	鲜奶	√			7	7	7	4	2	0	0
	应交税费	应交增值税	√				8	6	3	8	0	0

附原始凭证23张

会计主管：　　记账：张玉　　审核：王平　　填制：王兰

齐齐哈尔华齐乳品厂

付 款 凭 证

总　第6号

贷方科目：~~库存现金~~　银行存款　　2016年9月3日　　付字第3号

摘要	贷方科目		过账	金额								
	一级科目	二级或明细科目		百	十	万	千	百	十	元	角	分
存现金	银行存款		√					2	3	4	0	0

附原始凭证1张

会计主管：　　记账：张玉　　审核：王平　　填制：王兰

齐齐哈尔华齐乳品厂

付 款 凭 证

总　第15号

贷方科目：~~库存现金~~　银行存款　　2016年9月8日　　付字第4号

摘要	贷方科目		过账	金额								
	一级科目	二级或明细科目		百	十	万	千	百	十	元	角	分
偿还货款	应付账款	省豆业集团	√			1	4	9	7	6	0	0

附原始凭证1张

会计主管：　　记账：张玉　　审核：王平　　填制：王兰

齐齐哈尔华齐乳品厂

付 款 凭 证

总 第16号

贷方科目：~~库存现金~~ 银行存款　　2016 年 9 月 10 日　　付字第 5 号

摘 要	贷方科目		过账	金额								
	一级科目	二级或明细科目		百	十	万	千	百	十	元	角	分
提现	库存现金		√					8	0	0	0	0

附原始凭证 1 张

会计主管：　　记账：张玉　　审核：王平　　填制：王兰

齐齐哈尔华齐乳品厂

付 款 凭 证

总 第19号

贷方科目：~~库存现金~~ 银行存款　　2016 年 9 月 15 日　　付字第 6 号

摘 要	贷方科目		过账	金额								
	一级科目	二级或明细科目		百	十	万	千	百	十	元	角	分
报销差旅费	管理费用	办公费用	√					5	0	0	0	0

附原始凭证 16 张

会计主管：　　记账：张玉　　审核：王平　　填制：王兰

齐齐哈尔华齐乳品厂

付款凭证

总　第20号

贷方科目：库存现金　~~银行存款~~　　2016 年 9 月 15 日　　付字第 7 号

摘　要	贷方科目		过账	金额								
	一级科目	二级或明细科目		百	十	万	千	百	十	元	角	分
报办公用品费	管理费用	办公费	√						9	6	0	0

附原始凭证 1 张

会计主管：　　记账：张玉　　审核：王平　　填制：王兰

齐齐哈尔华齐乳品厂

付款凭证

总　第23号

贷方科目：库存现金　银行存款　　2016 年 9 月 18 日　　付字第 8 号

摘　要	贷方科目		过账	金额								
	一级科目	二级或明细科目		百	十	万	千	百	十	元	角	分
报业务执行费	管理费用	招待费	√					3	0	0	0	0

附原始凭证 3 张

会计主管：　　记账：张玉　　审核：王平　　填制：王兰

齐齐哈尔华齐乳品厂

付 款 凭 证

总 第24号

贷方科目：~~库存现金~~ 银行存款　　2016 年 9 月 18 日　　付字第 9 号

摘要	贷方科目		过账	金额								
	一级科目	二级或明细科目		百	十	万	千	百	十	元	角	分
偿还货款	应付账款	红光糖厂	√				3	5	1	0	0	0

附原始凭证 1 张

会计主管：　　记账：张玉　　审核：王平　　填制：王兰

齐齐哈尔华齐乳品厂

转 款 凭 证

总 第 3 号

2016 年 9 月 2 日　　转字第 1 号

摘要	借方科目		贷方科目		过账	金额								
	一级科目	二级或明细科目	一级科目	二级或明细科目		百	十	万	千	百	十	元	角	分
赊购原料	原材料	卵磷脂			√			1	2	8	0	0	0	0
	应交税费	应交增值税			√				2	1	7	6	0	0
			应付账款	省豆业集团	√			1	4	9	7	6	0	0

附原始凭证 1 张

会计主管：　　记账：张玉　　审核：王平　　填制：王兰

齐齐哈尔华齐乳品厂

转 款 凭 证

总　第4号

2016年9月3日　　　　转字第2号

摘　要	借方科目		贷方科目		过账	金额								
	一级科目	二级或明细科目	一级科目	二级或明细科目		百	十	万	千	百	十	元	角	分
赊购原料	原材料	砂糖			√				3	0	0	0	0	0
	应交税费	应交增值税			√					5	1	0	0	0
			应付账款	红光糖厂	√				3	5	1	0	0	0

附原始凭证2张

会计主管：　　记账：张玉　　审核：王平　　填制：王兰

齐齐哈尔华齐乳品厂

转 款 凭 证

总　第8号

2016年9月4日　　　　转字第3号

摘　要	借方科目		贷方科目		过账	金额								
	一级科目	二级或明细科目	一级科目	二级或明细科目		百	十	万	千	百	十	元	角	分
赊购甜粉	应收账款	晶晶商店			√			4	6	8	0	0	0	0
			主营业务收入	甜粉	√			4	0	0	0	0	0	0
			应交税费	应交增值税	√				6	8	0	0	0	0

附原始凭证1张

会计主管：　　记账：张玉　　审核：王平　　填制：王兰

齐齐哈尔华齐乳品厂

转 款 凭 证

总 第 9 号

2016 年 9 月 4 日　　　　转字第 4 号

摘要	借方科目		贷方科目		过账	金额								
	一级科目	二级或明细科目	一级科目	二级或明细科目		百	十	万	千	百	十	元	角	分
赊购婴儿粉	应收账款	深圳杰人商厦			√			2	1	0	6	0	0	0
			主营业务收入	婴儿粉	√			1	8	0	0	0	0	0
			应交税费	应交增值税	√				3	0	6	0	0	0

附原始凭证 1 张

会计主管：　　记账：张玉　　审核：王平　　填制：王兰

齐齐哈尔华齐乳品厂

转 款 凭 证

总 第10号

2016 年 9 月 5 日　　　　转字第 5 号

摘要	借方科目		贷方科目		过账	金额								
	一级科目	二级或明细科目	一级科目	二级或明细科目		百	十	万	千	百	十	元	角	分
领料	生产成本	甜粉			√			8	3	7	4	2	0	0
			原材料	鲜奶	√			7	7	7	4	2	0	0
				砂糖	√				6	0	0	0	0	0

附原始凭证 2 张

会计主管：　　记账：张玉　　审核：王平　　填制：王兰

齐齐哈尔华齐乳品厂

转 款 凭 证

总 第11号

2016年9月5日 转字第 6 号

摘要	借方科目		贷方科目		过账	金额								
	一级科目	二级或明细科目	一级科目	二级或明细科目		百	十	万	千	百	十	元	角	分
领料	生产成本	婴儿粉			√			8	3	7	4	2	0	0
			原材料	鲜奶	√			7	7	7	4	2	0	0
				砂糖	√				6	0	0	0	0	0

附原始凭证2张

会计主管： 记账：张玉 审核：王平 填制：王兰

齐齐哈尔华齐乳品厂

转 款 凭 证

总 第12号

2016年9月5日 转字第 7 号

摘要	借方科目		贷方科目		过账	金额								
	一级科目	二级或明细科目	一级科目	二级或明细科目		百	十	万	千	百	十	元	角	分
领料	生产成本	甜粉			√				5	1	2	0	0	0
		婴儿粉			√			1	0	2	4	0	0	0
			原材料	卵磷脂	√			1	5	3	6	0	0	0

附原始凭证2张

会计主管： 记账：张玉 审核：王平 填制：王兰

齐齐哈尔华齐乳品厂

转 款 凭 证

总　第13号

2016年9月6日　　转字第 8 号

摘要	借方科目		贷方科目		过账	金额								
	一级科目	二级或明细科目	一级科目	二级或明细科目		百	十	万	千	百	十	元	角	分
车间领用砂糖	制造费用				√					2	0	0	0	0
			原材料	砂糖	√					2	0	0	0	0

附原始凭证 1 张

会计主管：　　记账：张玉　　审核：王平　　填制：王兰

齐齐哈尔华齐乳品厂

转 款 凭 证

总　第14号

2016年9月6日　　转字第 9 号

摘要	借方科目		贷方科目		过账	金额								
	一级科目	二级或明细科目	一级科目	二级或明细科目		百	十	万	千	百	十	元	角	分
研发无形资产领用砂糖	研发支出	技术开发费			√					6	0	0	0	0
			原材料	砂糖	√					6	0	0	0	0

附原始凭证 1 张

会计主管：　　记账：张玉　　审核：王平　　填制：王兰

齐齐哈尔华齐乳品厂

转款凭证

总 第21号

2016年9月15日　　　　转字第10号

摘要	借方科目		贷方科目		过账	金额								
	一级科目	二级或明细科目	一级科目	二级或明细科目		百	十	万	千	百	十	元	角	分
赊购原料	原材料	鲜奶			√			1	8	0	0	0	0	0
	应交税费	应交增值税			√				2	0	0	0	0	0
			应付账款	农牧厂	√			2	0	0	0	0	0	0

附原始凭证3张

会计主管：　　　记账：张玉　　　审核：王平　　　填制：王兰

齐齐哈尔华齐乳品厂

转款凭证

总 第22号

2016年9月17日　　　　转字第11号

摘要	借方科目		贷方科目		过账	金额								
	一级科目	二级或明细科目	一级科目	二级或明细科目		百	十	万	千	百	十	元	角	分
赊购原料	原材料	鲜奶			√			2	7	0	0	0	0	0
	应交税费	应交增值税			√				3	0	0	0	0	0
			应付账款	第一奶站	√			3	0	0	0	0	0	0

附原始凭证4张

会计主管：　　　记账：张玉　　　审核：王平　　　填制：王兰

齐齐哈尔华齐乳品厂

转款凭证

总　第25号

2016年9月20日　　转字第12号

摘要	借方科目		贷方科目		过账	金额								
	一级科目	二级或明细科目	一级科目	二级或明细科目		百	十	万	千	百	十	元	角	分
计提折旧	制造费用	××折旧			√			1	2	4	0	0	0	0
	管理费用	××折旧			√				5	2	0	0	0	0
			累计折旧		√			1	7	6	0	0	0	0

附原始凭证1张

会计主管：　　记账：张玉　　审核：王平　　填制：王兰

齐齐哈尔华齐乳品厂

转款凭证

总　第26号

2016年9月27日　　转字第13号

摘要	借方科目		贷方科目		过账	金额								
	一级科目	二级或明细科目	一级科目	二级或明细科目		百	十	万	千	百	十	元	角	分
赊购原料	原材料	鲜奶						8	1	0	0	0	0	0
	应交税费	应交增值税							9	0	0	0	0	0
			应付账款	第二奶站				9	0	0	0	0	0	0

附原始凭证8张

会计主管：　　记账：张玉　　审核：王平　　填制：王兰

齐齐哈尔华齐乳品厂

转 款 凭 证

总 第27号

2016年9月28日　　　　转字第14号

摘要	借方科目		贷方科目		过账	金额								
	一级科目	二级或明细科目	一级科目	二级或明细科目		百	十	万	千	百	十	元	角	分
结转销售成本	主营业务成本	甜粉			√			2	5	2	0	0	0	0
			库存商品	甜粉	√			2	5	2	0	0	0	0

附原始凭证3张

会计主管：　　记账：张玉　　审核：王平　　填制：王兰

齐齐哈尔华齐乳品厂

转 款 凭 证

总 第28号

2016年9月28日　　　　转字第15号

摘要	借方科目		贷方科目		过账	金额								
	一级科目	二级或明细科目	一级科目	二级或明细科目		百	十	万	千	百	十	元	角	分
结转销售成本	主营业务成本	婴儿粉			√			1	1	1	1	0	0	0
			库存商品	婴儿粉	√			1	1	1	1	0	0	0

附原始凭证3张

会计主管：　　记账：张玉　　审核：王平　　填制：王兰

总账：

格式一

（注：格式一为记账凭证账务处理程序登记总账和汇总记账凭证账务处理程序登记总账的格式；格式二为科目汇总表账务处理程序登记总账的格式。）

总　　账

会计科目：＿＿＿＿＿＿＿＿　　　　第　　页

年		凭证号	摘要	对方科目	借方									贷方									借或贷	余额								
月	日				百	十	万	千	百	十	元	角	分	百	十	万	千	百	十	元	角	分		百	十	万	千	百	十	元	角	分

本账页格式需 60 页

格式二

总　　账

会计科目：＿＿＿＿＿＿＿＿　　　　第　　页

年		凭证号	摘要	借方									贷方									借或贷	余额								
月	日			百	十	万	千	百	十	元	角	分	百	十	万	千	百	十	元	角	分		百	十	万	千	百	十	元	角	分

本账页格式需 20 页

实训六　更正错账

一、实训目的

掌握更正错账的三种方法。

二、实训内容

审核给出的会计资料，对账务处理过程中出现的错误，选择适当的更正方法。

三、实训要求

根据发生的错误正确选择错账更正技术。

1. 画线更正法

记账凭证正确，记账错误。在错误登记的数字(文字)上横画一道红线(笔直画去数字(文字))以示注销，并应保持原有错误数字清晰可辨，在错误字迹上方填写正确数字(文字)，在更正处加盖更正人名章。

2. 红字更正法

记账凭证错误并登记入账，有以下两种情况。

（1）记账凭证中的应借、应贷会计科目填写错误。用红字填写1张与错误凭证完全相同的记账凭证，登记入账(冲销原有的错误记录)，再用蓝字填写1张正确的记账凭证，登记入账。

（2）记账凭证中的金额填写错误，大于正确数。按照正确数字与错误数字之间的差额，用红字填写1张记账凭证，登记入账(冲销多记的金额)。

（3）补充登记法

记账以后，发现记账凭证中的金额填写错误，小于正确数。按其差额，填写1张记账凭证，登记入账(补充少记的金额)。

四、实训资料及实训备品

1. 错账更正示例(见第102页)。

2. 某企业发生如下经济业务(部分)。

10月2日，报销职工王立差旅费112元。

10月5日，生产领用砂糖1吨用于生产甜粉，单位成本3 000元。

10月5日，销售甜粉20箱，价税共计46 800元，收转账支票存入银行。

10月20日，购砂糖2吨，价税合计7 020元，开出转账支票支付。

10月25日，从银行提取现金200元。

(账务处理凭证及账页在第107页，月末审查以上经济业务处理过程中的错误，选择适当的方法加以更正。)

3. 需记账凭证6张。

错账更正示例：

齐齐哈尔华齐乳品厂

记 账 凭 证

2016 年 10 月 3 日　　　　顺序第 12 号

摘 要	会计科目		过账	借方金额									贷方金额								
	一级科目	二级或明细科目		百	十	万	千	百	十	元	角	分	百	十	万	千	百	十	元	角	分
偿还前欠货款	应付账款	大禹集团	√			1	3	2	0	0	0	0									
	银行存款		√												1	3	2	0	0	0	0

附原始凭证 1 张

会计主管：　　记账：张玉　　审核：王平　　填制：李莉

齐齐哈尔华齐乳品厂

记 账 凭 证

2016 年 10 月 3 日　　　　顺序第 13 号

摘 要	会计科目		过账	借方金额									贷方金额								
	一级科目	二级或明细科目		百	十	万	千	百	十	元	角	分	百	十	万	千	百	十	元	角	分
支付广告费	管理费用	办公费	√				8	0	0	0	0	0									
	银行存款		√													8	0	0	0	0	0

附原始凭证 2 张

会计主管：　　记账：张玉　　审核：王平　　填制：李莉

齐齐哈尔华齐乳品厂

记 账 凭 证

2016 年 10 月 6 日　　　　顺序第 43 号

摘　要	会计科目		过账	借方金额									贷方金额								
	一级科目	二级或明细科目		百	十	万	千	百	十	元	角	分	百	十	万	千	百	十	元	角	分
冲 13 号凭证	管理费用	办公费	√				(8	0	0	0	0	0)									
	银行存款		√													(8	0	0	0	0	0)

附原始凭证　张

会计主管：　　记账：张玉　　审核：王平　　填制：李莉

齐齐哈尔华齐乳品厂

记 账 凭 证

附原始凭证 2 张

在第 13 号凭证后

2016 年 10 月 6 日

摘　要	会计科目		过账	借方金额									贷方金额								
	一级科目	二级或明细科目		百	十	万	千	百	十	元	角	分	百	十	万	千	百	十	元	角	分
支付广告费	销售费用	广告费	√				8	0	0	0	0	0									
	银行存款		√													8	0	0	0	0	0

附原始凭证　张

会计主管：　　记账：张玉　　审核：王平　　填制：李莉

齐齐哈尔华齐乳品厂

记 账 凭 证

2016 年 10 月 6 日　　　　顺序第 45 号

摘 要	会计科目		过账	借方金额									贷方金额								
	一级科目	二级或明细科目		百	十	万	千	百	十	元	角	分	百	十	万	千	百	十	元	角	分
付运杂费	销售费用	运杂费	√				1	3	0	0	0	0									
	银行存款		√													1	3	0	0	0	0

附原始凭证 2 张

会计主管：　　记账：张玉　　审核：王平　　填制：李莉

齐齐哈尔华齐乳品厂

记 账 凭 证

2016 年 10 月 6 日　　　　顺序第 47 号

摘 要	会计科目		过账	借方金额									贷方金额								
	一级科目	二级或明细科目		百	十	万	千	百	十	元	角	分	百	十	万	千	百	十	元	角	分
补 45 号凭证少记金额	销售费用	运杂费	√			1	1	7	0	0	0	0									
	银行存款		√												1	1	7	0	0	0	0

附原始凭证　张

会计主管：　　记账：张玉　　审核：王平　　填制：李莉

应付账款 明细账

二级或明细科目：大禹集团　　　　　　　　　　第 81 页

2016 年		凭证号	摘 要	对方科目	借方									贷方									借或贷	余额								
月	日				百	十	万	千	百	十	元	角	分	百	十	万	千	百	十	元	角	分		百	十	万	千	百	十	元	角	分
10	3		承上页																				贷		1	3	8	0	0	0	0	0
10	3	12	偿还前欠贷款	102			1	3	2	0	0	0	0										贷		1	2	4	8	0	0	0	0

管理费用 明细账

二级或明细科目：办公费　　　　　　　　　　第 13 页

2016 年		凭证号	摘 要	对方科目	借方									贷方									借或贷	余额								
月	日				百	十	万	千	百	十	元	角	分	百	十	万	千	百	十	元	角	分		百	十	万	千	百	十	元	角	分
10	3		承上页						1	8	5	0	0										借					1	8	5	0	0
10	3	13	支付广告费	102				8	0	0	0	0	0										借				8	1	8	5	0	0
10	5	24	报办公用品费	101					4	2	0	0	0										借				8	6	0	5	0	0
10	6	43	冲 13 号凭证	102			(	8	0	0	0	0	0	)									借					6	0	5	0	0

销售费用　明细账

二级或明细科目：________　　　　第 12 页

2016年		凭证号	摘要	对方科目	借方									贷方									借或贷	余额								
月	日				百	十	万	千	百	十	元	角	分	百	十	万	千	百	十	元	角	分		百	十	万	千	百	十	元	角	分
10	6	44	支付广告费	102				8	0	0	0	0	0										借				8	0	0	0	0	0
10	6	45	付运杂费	102				1	3	0	0	0	0										借				9	3	0	0	0	0
10	6	47	补45号凭证的少记金额	102			1	1	7	0	0	0	0										借			2	1	0	0	0	0	0

银行存款日记账

16年		凭证号	摘要	对方科目	结算票据		收入（借方）									支出（贷方）									核对号	结存额（余额）								
月	日				种类	编号	百	十	万	千	百	十	元	角	分	百	十	万	千	百	十	元	角	分		百	十	万	千	百	十	元	角	分
10	2		承前页						9	8	5	0	0	0	0		1	2	3	4	0	0	0	0			1	7	8	6	5	0	0	0
10	3	12	偿还前欠货款	203	转	185												1 ~~1~~	3 ~~2~~	2 ~~3~~	0 ~~0~~	0 ~~0~~	0 ~~0~~	0 ~~0~~			1 ~~1~~	6 ~~6~~	5 ~~6~~	4 ~~3~~	5 ~~5~~	0 ~~0~~	0 ~~0~~	0 ~~0~~
10	3	13	支付广告费	521	转	187													8	0	0	0	0	0			1	5	7	4	5	0	0	0
10	4	17	收回前欠货款	113	汇	012			2	3	0	0	0	0	0												1	8	0	4	5	0	0	0
10	6	43	冲13号凭证	521														(	8	0	0	0	0	0	)		1	8	8	4	5	0	0	0
10	6	44	支付广告费	503															8	0	0	0	0	0			1 ~~1~~	8 ~~0~~	0 ~~8~~	4 ~~4~~	5 ~~5~~	0 ~~0~~	0 ~~0~~	0 ~~0~~
10	6	45	支付运杂费	503	转	191													1	3	0	0	0	0			1	7	9	1	5	0	0	0
10	6	47	补45号凭证少记金额	503														1	1	7	0	0	0	0			1	6	7	4	5	0	0	0

账务处理凭证及账页：

齐齐哈尔华齐乳品厂

记 账 凭 证

2016 年 10 月 2 日 顺序第 9 号

摘要	会计科目		过账	借方金额									贷方金额								
	一级科目	二级或明细科目		百	十	万	千	百	十	元	角	分	百	十	万	千	百	十	元	角	分
报差旅费	管理费用	办公费	√					1	1	2	0	0									
	库存现金		√														1	1	2	0	0

附原始凭证 17 张

会计主管： 记账：张玉 审核：王平 填制：李莉

齐齐哈尔华齐乳品厂

记 账 凭 证

2016 年 10 月 5 日 顺序第 16 号

摘要	会计科目		过账	借方金额									贷方金额								
	一级科目	二级或明细科目		百	十	万	千	百	十	元	角	分	百	十	万	千	百	十	元	角	分
领砂糖	生产成本	甜粉	√				3	0	0	0	0	0									
	原材料	砂糖	√													3	0	0	0	0	0

附原始凭证 1 张

会计主管： 记账：张玉 审核：王平 填制：李莉

齐齐哈尔华齐乳品厂

记账凭证

2016年10月5日　　　　顺序第17号

摘要	会计科目		过账	借方金额									贷方金额								
	一级科目	二级或明细科目		百	十	万	千	百	十	元	角	分	百	十	万	千	百	十	元	角	分
销甜粉	银行存款		√				4	6	8	0	0	0									
	主营业务收入	甜粉	√													4	0	0	0	0	0
	应交税费	应交增值税	√														6	8	0	0	0

附原始凭证2张

会计主管：　　记账：张玉　　审核：王平　　填制：李莉

齐齐哈尔华齐乳品厂

记账凭证

2016年10月20日　　　　顺序第63号

摘要	会计科目		过账	借方金额									贷方金额								
	一级科目	二级或明细科目		百	十	万	千	百	十	元	角	分	百	十	万	千	百	十	元	角	分
购砂糖	原材料	砂糖	√			6	0	0	0	0	0	0									
	应交税费	应交增值税	√			1	0	2	0	0	0	0									
	银行存款		√												7	0	2	0	0	0	0

附原始凭证4张

会计主管：　　记账：张玉　　审核：王平　　填制：李莉

齐哈尔华齐乳品厂

记 账 凭 证

2016 年 10 月 25 日　　　　　　顺序第 83 号

摘要	会计科目		过账	借方金额									贷方金额								
	一级科目	二级或明细科目		百	十	万	千	百	十	元	角	分	百	十	万	千	百	十	元	角	分
提现	银行存款							2	0	0	0	0									
	库存现金																2	0	0	0	0

附原始凭证 1 张

会计主管：　　　　记账：张玉　　　　审核：王平　　　　填制：李莉

生产成本　明细账

二级或明细科目：甜粉　　　　　　第 25 页

2016 年		凭证号	摘要	对方科目	借方									贷方									借或贷	余额								
月	日				百	十	万	千	百	十	元	角	分	百	十	万	千	百	十	元	角	分		百	十	万	千	百	十	元	角	分
10	5	16	领砂糖	123				3	0	0	0	0	0										借				3	0	0	0	0	0

主营业务收入　明细账

二级或明细科目：甜粉　　　　第 48 页

2016年		凭证号	摘要	对方科目	借方									贷方									借或贷	余额								
月	日				百	十	万	千	百	十	元	角	分	百	十	万	千	百	十	元	角	分		百	十	万	千	百	十	元	角	分
10	5	17	销售甜粉	102													4	0	0	0	0	0	借				4	0	0	0	0	0

管理费用　明细账

二级或明细科目：办公费　　　　第 13 页

2016年		凭证号	摘要	对方科目	借方									贷方									借或贷	余额								
月	日				百	十	万	千	百	十	元	角	分	百	十	万	千	百	十	元	角	分		百	十	万	千	百	十	元	角	分
10	2	9	报差旅费	101					1	2	1	0	0										借					1	2	1	0	0

现金日记账

第 11 页

2016年		凭证号	摘要	对方科目	收入（借方）									支出（贷方）									核对号	结存额（余额）								
月	日				百	十	万	千	百	十	元	角	分	百	十	万	千	百	十	元	角	分		百	十	万	千	百	十	元	角	分
10	1		上月结转																									8	2	0	0	0
10	2	9	报差旅费	521														1	1	2	0	0						7	0	8	0	0
10	25	83	提现	102														2	0	0	0	0						5	0	8	0	0

银行存款日记账

第 21 页

2016年		凭证号	摘要	对方科目	结算票据		收入（借方）									支出（贷方）									核对号	结存额（余额）								
月	日				种类	编号	百	十	万	千	百	十	元	角	分	百	十	万	千	百	十	元	角	分		百	十	万	千	百	十	元	角	分
10	1		上月结转																								2	8	0	0	0	0	0	0
10	5	17	销售甜粉	501	转	456				4	0	0	0	0	0												2	8	4	0	0	0	0	0
				221	转	456					6	8	0	0	0												2	8	4	6	8	0	0	0
10	20	63	购砂糖	123	转	572												6	0	0	0	0	0	0			2	2	4	6	8	0	0	0
				221	转	572												1	0	2	0	0	0	0			2	1	4	4	8	0	0	0
10	25	83	提现	101	现	145					2	0	0	0	0												2	1	4	6	8	0	0	0

原材料　明细账

名称及规格：砂糖　　　　计量单位：吨　　　　第10页

2016年		凭证号	摘要	对方科目	收入（借方）											支出（贷方）											核对号	结存额（余额）										
月	日				数量	单价	金额									数量	单价	金额										数量	单价	金额								
							百	十	万	千	百	十	元	角	分			百	十	万	千	百	十	元	角	分				百	十	万	千	百	十	元	角	分
10	1		上月结转																								12	3 000.00			3	6	0	0	0	0	0	
10	5	16	领用	401												1	3 000.00				3	0	0	0	0	0	11	3 000.00			3	3	0	0	0	0	0	
10	20	63	购砂糖	102	20	3 000.00			6	0	0	0	0	0	0												31	3 000.00			9	3	0	0	0	0	0	

应交税费 明细账

二级科目：应交增值税

明细科目：

本账第 12 页

本户第 6 页

2016年		凭证号	对方科目	摘要	借方金额			贷方金额				借或贷	余额
月	日				进项税额	已交税金		销项税额	出口退税	进项税额转出			
10	5	17	102	销甜粉				680.00				贷	680.00
10	20	63	102	购砂糖	10 200.00							借	9 520.00

实训七 对 账

一、实训目的

掌握对账的处理程序。

二、实训内容

根据各账户的性质和特点进行账实、账款的核对工作并对其中不符情况进行处理。

三、实训要求

根据实际盘点结果和银行对账单，填写盘点盈亏报告单和银行存款余额调节表，对账实或账款不符的情况要查明原因（由指导教师假定），填写入相应的说明栏或备注栏，并进行正确的账务处理。

四、实训资料及实训备品

1. 实训四中的账户资料为对账的账户依据；
2. 存货的合理损耗均为 2%；
3. 盘存单、现金盘点报告单、银行对账单（见第 115~116 页）；
4. 盘点盈亏报告单和银行存款余额调节表（表格自制）；
5. 需要记账凭证 4 张。

盘 存 单

对产类别：存货　　　　存放地点：2 号仓库

盘点时间：2016 年 9 月 30 日　　　　编　　号：010908

编号	名称	规格	单位	盘点数量	单价	金额	备注
123001	鲜奶		吨	0			
123002	砂糖		吨	17.5			
123003	卵磷脂		吨	3.32			
126001	铝铂袋		个	195 000			
137001	甜粉	20 袋	箱	2 000			
137002	婴儿粉	20 袋	箱	990			
合计							

盘点人：马明　　　　保管员：石磊

现金盘点报告表

2016 年 9 月 30 日

摘　要	实存金额	账存金额	盈	亏	备　注
1．主币 2．辅币 3．未入账 4．白条 5．其他	593.30				
合　计	593.30				

盘点人签章：马明　　　　出纳员签章：李莉

中国工商银行对账单

账号：201－01369426－521　　　　第 1 页

2016 年 9 月　　限额：　　其初余额：200 000.00 元

日期	摘要	对方科目	凭证号码	收入	支出	余额	记账	复核
1			转支 4912		86 380.00	113 620.00	0001	1120
2			转支 4913		80 000.00	33 620.00	0001	1120
4			转支 9363	228 600.00		262 220.00	0001	1120
6			现支 2315		800.00	261 420.00	0001	1120
8			转支 2364	23 166.00		284 586.00	0001	1120
9			转支 4914		820.00	283 766.00	0001	1120
11			转支 4915		5 800.00	277 966.00	0001	1120
13			转支 4916		84 000.00	193 966.00	0001	1120
14	（略）	（略）		200 000.00		393 966.00	0001	1120
15			转支 4917		35 100.00	358 866.00	0001	1120
16			信汇 0064		200 000.00	158 866.00	0001	1120
18			信汇 0034	300 000.00		458 866.00	0001	1120
19			转支 4918		1 200.00	457 666.00	0001	1120
22			委收 3387		17 640.00	440 026.00	0001	1120
25			现支 2316		27 555.00	412 471.00	0011	1120
27			托承 1126	100 000.00		512 471.00	0011	1120
27			商汇 1111		110 000.00	402 471.00	0011	1120

实训八 结账及编制报表

一、实训目的

在会计期末能正确结账，并掌握工作底稿、资产负债表、损益表的编制、及时地为使用者提供准确、可靠、连续的会计信息。

二、实训内容

期末正确完成各账户的结账工作，根据各账户的金额，编制工作底稿，在工作底稿的基础上，综合各账户数据，分析编制资产负债表和损益表。

三、实训要求

根据给出的各账户金额编制工作底稿。正确结账，并进行分析综合，完成资产负债表和损益表的编制工作。

1. 根据各账户的金额正确登记“试算表”栏（根据所给账户按国家给定的会计科目顺序填写），验证借、贷方余额是否相等，根据各账户的金额进行账项调整，将预收、应收、待摊、预提等需期末调整的账户在编制分录的基础上调整入账，再根据调整分录内容填写“账项调整”栏，验证借、贷方金额是否相等。

2. 将各账户金额正确登记“调整后试算表”栏，验证借、贷方金额是否相等（也可以按“试算表”与“账项调整”栏的合计值填写，但要与各账户金额核对是否相等）。

3. 编制结转分录（登记入账），依此填写“账项结转”栏，验证借、贷方金额是否相等。

4. 将“调整后试算表”栏中的所有损益类账户金额填写入“损益表”栏内，在“账户名称”栏加写一行“本月实现利润”，将“损益表”栏目借、贷方差额写入该行对应损益表栏的借或贷方，使“损益表”栏目借、贷方差额写入该行对应损益表栏的借或贷方，使“损益表”栏目借、贷方金额相等。

5. “资产负债表”栏按“调整后试算表”栏中资产类、权益类账户（包括成本类账户中的生产成本）的金额与“账项结转”栏中对应金额的合计值填写，并验证借、贷方金额是否相等。

6. 根据工作底稿中损益表、资产负债表栏目内容，逐项分析综合填写损益表和资产负债表（资产负债中“存货”项数值包括生产成本账户余额，“未分配利润”项应根据“资产负债表”栏中“本年利润”与“利润分配”的数据合计值填写）。

四、实训资料及实训备品

1.2016 年 11 月末各账户金额

账户名称	借方金额	贷方金额
银行存款	212 000 元	
库存现金	870 元	
原材料	481 730 元	
包装物	120 000 元	
应收账款	376 000 元	

账户名称	借方金额	贷方金额
库存商品	134 000 元	
固定资产	3 890 000 元	
累计折旧		280 000 元
短期借款		140 000 元
应付账款		1 240 000 元
长期借款		800 000 元
实收资本		3 500 000 元
制造费用	7 200 元	
生产成本	968 000 元	
主营业务收入		1 200 000 元
主营业务成本	789 000 元	
销售费用	160 000 元	
本年利润		300 000 元
利润分配	260 000 元	
资本公积		20 000 元
盈余公积		10 000 元
应交税费		31 200 元
预收账款		4 000 元
应付职工薪酬		2 600 元
其他应付款		4 000 元
管理费用	123 000 元	
财务费用	10 000 元	

2. 期末账项调整和账项结转业务说明及凭证(见第 119 页)。

3. 需记账凭证 18 张。

4. 需总账账页 20 页（对后面业务未涉及的账户余额可直接根据上面给出的填制，否则应需总账账页 36 页）。

5. 需资产负债表和损益表各 1 套。

业务说明及凭证：

1. 核算本月应付工资，并根据工资额计提福利费（14%），工会经费（2%），职工教育经费（1.5%）。

工　资　表

2016年11月份

编号	姓名	基本工资	岗位津贴	高寒补贴	奖金	应发工资	扣项	实发工资	签领
11001	王伟	500.00		45.00	360.00	905.00		905.00	（略）
…	…	…	…	…	…	…	…	…	…
11	小计	76 000.00	1 000.00	12 500.00	36 500.00	126 000.00		126 000.00	
…	…	…	…	…	…	…	…	…	…
12	小计	7 300.00	1 200.00	630.00	1 470.00	10 600.00		10 600.00	
…	…	…	…	…	…	…	…	…	…
22	小计	11 000.00	350.00	1 080.00	2 570.00	15 000.00		15 000.00	
…	…	…	…	…	…	…	…	…	…
33	小计	21 000.00	6 000.00	2 250.00	2 950.00	32 200.00		32 200.00	
	合计	（略）	（略）	（略）	（略）	183 800.00		183 800.00	

注：编号第1位为部门编号，其中1表示基本生产车间，2表示供汽车间，3表示厂部职能部门；第2位为计入科目编号，其中1表示该职工工资应计入生产成本，2表示应计入制造费用，3表示应计入管理费用；后三位是职工的个人顺序号。

福利费、工会经费、职工教育经费计算表自行设计（后面没有给出的凭证应由学生自己设计格式并画出）。

2. 根据固定资产账户数据和给定的分类折旧率计提折旧（为简化核算，固定资产采用直线法，按分类折旧率计提折旧，月分类折旧率分别为：房屋及建筑物0.5%，机器设备0.8%，假设全部固定资产没有超龄使用，应按期初余额全部计提折旧。）

3. 本月只生产甜粉一种产品，所以制造费用直接全部计入生产成本。

4. 经核算本月完工产品成本700 000元。

5. 结转所有损益类账户金额至本年利润账户。

6. 按本年利润账户借、贷方差额的33%计提所得税，并将所得税账户金额结转入本年利润账户。

7. 核算利润分配，按利润的15%计提盈余公积，按75%向投资者分配利润。

实训九　装订会计凭证

一、实训目的

按装订规范及时地将会计凭证装订成册，做为一种经济档案长期存放。

二、实训内容

将实训二中的所有会计凭证装订成册，并填写封皮内容。

三、实训要求

装订时将封面一侧平放于记账凭证上，右侧长出记账凭证右侧一部分或对齐，左侧沿凭证左侧向上折起，用装订线将凭证连同凭证封皮装订在一起，然后在离左侧 15 mm 左右的位置将封皮向左折包起所有凭证、粘牢并加盖公章。

正确填写封皮、封底内容。

四、实训资料及实验备品

1. 装订用会计凭证封皮 1 张。
2. 胶水、剪刀、装订线等(自备)。

第二部分　综合实训

一、实训目的

基础会计综合实训，是在课堂理论教学和会计单项实训的基础上，模拟企业会计循环的实际过程，使学生置身于企业整个会计循环之中，进一步掌握对复式借贷记账法的运用，加深对会计凭证体系、账户体系和主要会计报表构成的认识和理解，缩小课堂理论与实际的差距，增强学生实际操作的能力，进而使学生对会计核算的基本程序、一般核算特点和方法，对基础会计学课堂理论教学有更加深刻的认识，为后续其他会计学课程的学习与实践奠定坚实的基础。

二、实训内容

1. 对给出的每一笔业务内容进行以下几方面工作。

（1）填写自制原始凭证或取得外来原始凭证；

（2）根据原始凭证或汇总原始凭证编制记账凭证；

（3）根据记账凭证及时登记日记账和明细账。

2. 每 10 日汇总编制一次科目汇总表。

3. 月末，根据科目汇总表合计数登记总账，并进行账账核对。

4. 月末，根据明细账、总账的相应数据编制工作底稿，同时进行结账工作。

5. 编制企业 6 月份的资产负债表和利润表。

三、实训要求

1. 按给出的业务内容及原始凭证，完成齐齐哈尔华齐乳品厂 6 月份的会计核算工作。

2. 对实训环节中涉及到的相关人员签名，采用分组互签的办法来模拟实际操作程序，体现人员分工及内部牵制原则。

3. 月末，所有的经济业务完成后，应将各种记账凭证及所附原始凭证或原始凭证汇总表，按其编号顺序装订成册，并在封面上注明单位名称、年度、月份、起止日期及记账凭证起止号码，由装订人员签名或盖章。

4. 月末，所有的经济业务完成后，将各种账页按不同格式装订成册。

5. 综合实训结束后，要求每人写出一份实训报告。

四、实训资料及实训备品

1. 企业概况

齐齐哈尔华齐乳品厂是一家以生产奶粉为主，由齐齐哈尔华齐乳品厂和黑龙江省乳业集团公司合资兴建的工业企业。

（1）生产及管理服务机构：全厂在册职工 463 人。

①生产车间	工人	381 人
	管理人员	21 人
②管理部门	厂办	14 人
	财务科	8 人
	供销科	39 人

（2）生产组织和工艺流程：单步骤大量生产各主要产品。

（3）开户银行：工商银行齐齐哈尔分行建华支行。

（4）账号：201－01369426－521。

（5）纳税人登记号：230202520213883。

2. 会计核算方法

（1）会计核算程序

采用科目汇总表账务处理程序，每 10 天汇总一次记账凭证，据以登记总账。

（2）库存现金

库存现金限额为 1 000.00 元。

（3）工资核算

每月 30 日核发工资，月末将本月实际支付的工资按产品的机器生产工时比例分配，职工福利费按工资总额的 14% 提取，职工教育经费按工资总额 1.5% 提取，工会经费按工资总额的 2% 提取。

（4）存货核算

存货的购进业务按实际成本核算，按一次加权平均法计算发出存货成本，其中鲜奶的收购业务，月末一次合计入账，认定为全部投入生产，按本月实际生产产品情况确定各产品耗用量；销售产品平时不结转成本，月末归集后一次计算并结转；包装物领用后全部计入生产成本，按完工数量及定额结转完工成本，每箱粉定额使用 20.1 包装袋。

（5）固定资产的核算

为简化核算，固定资产采用直线法，按分类折旧率计提折旧，月分类折旧率分别为：房屋及建筑物 0.5%，机器设备 0.8%，假设全部固定资产没有超龄使用，应按期初余额全部计提折旧。

（6）利润及利润分配的核算

月末时对本月利润额进行分配，按利润的 10% 提取法定盈余公积金，5% 提取任意盈余公积金，75% 分派股利，其余 10% 作为未分配利润，待以后使用。

3. 实训时间及进度

（1）综合实训所需时间为 2 周。

（2）实训动员及发放用品 0.5 天。

（3）根据期初余额开设日记账、明细账和总账，约需 1 天。

（4）根据本期发生的经济业务填制和审核原始凭证，并根据原始凭证编制记账凭证，约需 2 天。

（5）根据原始凭证和记账凭证登记日记账、明细账，约需 1.5 天。

（6）月末，编制科目总表，据以登记总账，约需 1 天。

（7）结账、对账，编制工作底稿，编制资产负债表、损益表，约需 2 天。

（8）装订会计凭证、账薄、会计报表，约需 0.5 天。

（9）教师成绩考核，约需 1 天。

（10）机动 0.5 天。

4. 账户期初余额

账户名称	借方余额	贷方余额
银行存款	412 000.00 元	
库存现金	870.00 元	

帐户名称	借方余额	贷方余额
原材料	877 730.00 元	
——砂糖		54 000.00 元（10 吨）
——卵磷脂		68 730.00 元（2.5 吨）
——乳清粉		359 000.00 元（50 吨）
——铝铂袋		396 000.00 元（682 000 个）
应收账款	1 062 000.00 元	
——晶晶商店		180 000.00 元
——大华商店		96 000.00 元
——大庆地下商场		346 500.00 元
——深圳地下商厦		227 000.00 元
——上海丽华商店		136 500.00 元
——飞天公司		76 000.00 元
库存商品	980 000.00 元	
——甜　粉		540 000.00 元 [4 500 箱 (20 袋 / 箱)]
——婴儿粉		440 000.00 元 [4 000 箱 (20 袋 / 箱)]
固定资产	3 898 800.00 元	
——厂房		1 498 800.00 元
——设备		1 510 000.00 元
——办公楼		890 000.00 元
利润分配		240 000.00 元
——提取法定盈余公积		160 000.00 元
——应付利润		500 000.00 元
——未分配利润		900 000.00 元
累计折旧		556 000.00 元
短期借款		140 000.00 元
应付账款		1 016 600.00 元
——齐齐哈尔农牧厂		190 000.00 元
——哈尔滨食品填加剂厂		422 600.00 元
——第一奶站		284 000.00 元
——第二奶站		120 000.00 元
长期借款		800 000.00 元
实收资本		3 500 000.00 元
——齐齐哈尔华齐乳品厂		2 000 000.00 元
——省乳业集团公司		1 500 000.00 元
资本公积		520 000.00 元
盈余公积		210 000.00 元
——法定盈余公积		110 000.00 元
——任意盈余公积		100 000.00 元

账户名称	借方余额	贷方余额
应交税费		226 400.00 元
——应交增值税		160 000.00 元
——应交所得税		55 200.00 元
——应交城市维护建设税		11 200.00 元
预收款款		4 000.00 元
应付职工薪酬		9 600.00 元
——职工福利		800.00 元
——工会经费		5 600.00 元
——职工教育经费		3 200.00 元
其他应付款		8 800.00 元
——甲公司		8 800.00 元

5. 经济业务说明及原始凭证 (第 130 页)。

6. 需记账凭证 50 张。

7. 需账页：日记账 4 页，三栏式明细账 50 页，多栏式明细账 10 页，数量金额式 16 页，总账 50 页。

8. 需科目汇总表 5 张。

9. 需资产负债表、利润表各 1 套。

经济业务说明及原始凭证：

1. 6 月 1 日厂办报销办公用品费，支付现金。

黑龙江工商统一发票

No. 12587532

发票联

开票日期：2016 年 5 月 26 日　　　　齐国税（00 – 23）

购货单位	名　称	齐齐哈尔华齐乳品厂	销货单位	名　称	雅芳商店
	税务登记号	23020252013883		税务登记号	230202576438941

编号	货物或应税劳务名称	规格型号	计量单位	数量	单价	金额								
						百	十	万	千	百	十	元	角	分
	文件夹		个	30	6.45				¥	1	9	3	5	0
	档案袋		个	100	0.48					¥	4	8	0	0
	合计								¥	2	4	1	5	0
合计（大写）	佰　拾　万⊗仟贰佰肆拾壹元伍角零分				¥ 241.50									

第二联　报销凭证

销货单位（章）：　　收款人：方明　　复核人：　　开票人：李航

2. 6 月 1 日销售婴儿粉。

齐齐哈尔华齐乳品厂

出　库　单

2016 年 6 月 1 日　　　　8 册 030 号

产品或物资名称	规 格	单位	数 量	单 价	金 额
婴儿粉	20 袋 / 箱	箱	3 000		

第二联　会计记账根据

客户：李明　　保管员：石磊　　填制：李莉

黑龙江省增值税专用发票

开票日期：　　年　　月　　日　　　　　　　　　　　　No. 0024310

购货单位	名称		税务登记号																					
	地址、电话		开户银行及账号																					
货物或应税劳务名称	规格型号	计量单位	数量	单价	金额									税率	税额									
					百	十	万	千	百	十	元	角	分	（%）	百	十	万	千	百	十	元	角	分	
合计																								
价税合计	仟　佰　拾　万　仟　佰　拾　元　角　分　　¥																							
备　注																								
销货单位	名称		税务登记号																					
	地址、电话		开户银行及账号																					

第四联 记账联 售货方记账

销货单位（章）：　　　　收款人：　　　　复核人：　　　　开票人：

中国工商银行 **转账支票**　　　　支票号码：AE　0764539

签发日期：贰零壹陆年零陆月零壹日　　　　开户银行名称：工商行齐市分行龙沙支行

收款人：齐齐哈尔华齐乳品厂　　　　签发人账号：202-00235638-247

人民币（大写）：陆拾叁万壹仟捌佰元整	千	百	十	万	千	百	十	元	角	分
		¥	6	3	1	8	0	0	0	0

用途：购奶粉　　　　科目（付）

上列款项请从我的账户内支付　　　　对方科目（收）

签发人盖章　　　　转账日期　　年　　月　　日

复核　　　　记账

本支票付款期十天

付款单位责任人		持票人身份证号码		持票人初签		持票人复签	

请受票人核验持票人初签、复签字迹及身份证号码

提货无效

中国工商银行进账单（回单或收账通知）1

年　月　日　　　　第　号

<table>
<tr><td>收款人全称</td><td colspan="3"></td><td rowspan="2">退票</td><td>笔数</td><td>共　笔</td></tr>
<tr><td>账　　号</td><td></td><td>开户银行</td><td></td><td>金额</td><td>¥</td></tr>
<tr><td>人民币（大写）</td><td colspan="3">千百十万千百十元角分</td><td colspan="2">退票后金额</td><td>千百十万千百十元角分</td></tr>
</table>

付款人账号	支票号码	金额（千百十万千百十元角分）	付款人账号	支票号码	金额（千百十万千百十元角分）	
						收款人开户行加盖转讫章处

单位主管　　　会计　　　复核　　　记账

3.

领　料　单

领料单位：生产车间　　　2016 年 6 月 1 日　　　编号：200706001

用　途	生产甜粉	材料类别	原材料	材料编号	12302
材料名称及规格	单位	请领数	实发数	单价	金　额
砂糖	吨	10	10		
备注：					

第二联　会计记账联

领料单位负责人：王力　　　记账：　　　发料：石磊　　　领料：张朋

4.

领　料　单

领料单位：生产车间　　　　2016 年　6 月 1 日　　　　编号：200706002

用　途	生产甜粉	材料类别	原材料	材料编号	12303
材料名称及规格	单位	请领数	实发数	单价	金　额
卵磷脂	吨	1	1		
备注：					

第二联　会计记账联

领料单位负责人：王力　　　记账：　　　发料：石磊　　　领料：张朋

5.

领　料　单

领料单位：生产车间　　　　2016 年　6 月 1 日　　　　编号：200706003

用　途	生产甜粉	材料类别	包装物	材料编号	12601
材料名称及规格	单位	请领数	实发数	单价	金　额
铝铂袋	吨	200 000	200 000		
备注：					

第二联　会计记账联

领料单位负责人：王力　　　记账：　　　发料：石磊　　　领料：张朋

6. 6月4日车间管理人员报销办公用品费，支付现金。

黑龙江工商统一发票

No. 1369384

开票日期：2016年5月20日　　　　发票联　　　　齐国税（00 – 23）

<table>
<tr><td rowspan="2">购货单位</td><td>名　　称</td><td colspan="3">齐齐哈尔华齐乳品厂</td><td rowspan="2">销货单位</td><td>名　　称</td><td colspan="9">丽人商店</td></tr>
<tr><td>税务登记号</td><td colspan="3">230202520213883</td><td>税务登记号</td><td colspan="9">2302024537825187</td></tr>
<tr><td rowspan="2">编号</td><td rowspan="2">货物或应税劳务名称</td><td rowspan="2">规格型号</td><td rowspan="2">计量单位</td><td rowspan="2">数量</td><td rowspan="2">单价</td><td colspan="9">金　　额</td></tr>
<tr><td>百</td><td>十</td><td>万</td><td>千</td><td>百</td><td>十</td><td>元</td><td>角</td><td>分</td></tr>
<tr><td></td><td>茶杯</td><td></td><td>个</td><td>20</td><td>4.40</td><td></td><td></td><td></td><td></td><td>¥</td><td>8</td><td>8</td><td>0</td><td>0</td></tr>
<tr><td></td><td></td><td></td><td></td><td></td><td></td><td></td><td></td><td></td><td></td><td></td><td></td><td></td><td></td><td></td></tr>
<tr><td></td><td></td><td></td><td></td><td></td><td></td><td></td><td></td><td></td><td></td><td></td><td></td><td></td><td></td><td></td></tr>
<tr><td></td><td></td><td></td><td></td><td></td><td></td><td></td><td></td><td></td><td></td><td></td><td></td><td></td><td></td><td></td></tr>
<tr><td></td><td></td><td></td><td></td><td></td><td></td><td></td><td></td><td></td><td></td><td></td><td></td><td></td><td></td><td></td></tr>
<tr><td colspan="15">合计（大写）　佰　拾　万　仟⊗佰捌拾捌元零角零分　　¥ 88.00</td></tr>
</table>

第二联　报销凭证

销货单位（章）：　　收款人：王军　　复核人：　　开票人：蔡正

7. 6月4日个人来购甜粉，收现金。

黑龙江工商统一发票

No. 2409704

开票日期：　　年　　月　　日　　　　齐国税（00 – 23）

<table>
<tr><td rowspan="2">购货单位</td><td>名　　称</td><td colspan="3"></td><td rowspan="2">销货单位</td><td>名　　称</td><td colspan="9"></td></tr>
<tr><td>税务登记号</td><td colspan="3"></td><td>税务登记号</td><td colspan="9"></td></tr>
<tr><td rowspan="2">编号</td><td rowspan="2">货物或应税劳务名称</td><td rowspan="2">规格型号</td><td rowspan="2">计量单位</td><td rowspan="2">数量</td><td rowspan="2">单价</td><td colspan="9">金　　额</td></tr>
<tr><td>百</td><td>十</td><td>万</td><td>千</td><td>百</td><td>十</td><td>元</td><td>角</td><td>分</td></tr>
<tr><td></td><td></td><td></td><td></td><td></td><td></td><td></td><td></td><td></td><td></td><td></td><td></td><td></td><td></td><td></td></tr>
<tr><td></td><td></td><td></td><td></td><td></td><td></td><td></td><td></td><td></td><td></td><td></td><td></td><td></td><td></td><td></td></tr>
<tr><td></td><td></td><td></td><td></td><td></td><td></td><td></td><td></td><td></td><td></td><td></td><td></td><td></td><td></td><td></td></tr>
<tr><td></td><td></td><td></td><td></td><td></td><td></td><td></td><td></td><td></td><td></td><td></td><td></td><td></td><td></td><td></td></tr>
<tr><td></td><td></td><td></td><td></td><td></td><td></td><td></td><td></td><td></td><td></td><td></td><td></td><td></td><td></td><td></td></tr>
<tr><td colspan="15">合计（大写）　佰　拾　万　仟　佰　拾　元　角　分　　¥</td></tr>
</table>

第三联　记账联

销货单位（章）：　　收款人：　　复核人：　　开票人：

8.5cm × 17.5 cm 白纸黑字

中国工商银行**现金存款单**（回单）

提货无效

科目：　　　　年　月　日　　　　对方科目：

收款人全称		账号	
款项来源		开户银行	

人民币（大写）		千	百	十	万	千	百	十	元	角	分

券别	张数	金额									券别	张数	金额								收款银行盖章
		百	十	万	千	百	十	元	角	分			十	万	千	百	十	元	角	分	
一百元券											五角券										出纳：
五拾元券											二角券										
十元券											一角币										
五元券											五分币										
二元券											二分币										
一元券											一分币										

单位主管：　　　会计：　　　复核：　　　记账：

8.

齐齐哈尔华齐乳品厂

出 库 单

2016年6月4日　　　　8册031号

产品或物资名称	规格	单位	数量	单价	金额
甜粉	20袋/箱	箱	2		

第二联 会计记账根据

客户：　　　保管员：石磊　　　经手人：张莉

齐齐哈尔华齐乳品厂

入 库 单

交库单位：生产车间　　2016年6月5日　　编号：200706001

品　名	甜粉	生产批号		200706-001
等　级	特等粉	化验单编号		200706001
规格	单位	数 量	单 价	金　额
20袋/箱	箱	3200		

第三联　财务

审核：　　保管员：石磊　　交库：王明

9. 采购砂糖入库，尚未收到结算凭证。

齐齐哈尔华齐乳品厂

收 料 单

发票号：　　2016年6月5日　　No. 200706001

供应单位	红光糖厂		材料类别及编号		原材料　12302		
名称及规格	计量单位	数　量		实　际　成　本			
		发票	实收	发票价格	运杂费	合计	单价
砂糖	吨		30				
备注：							

记账联

核算：　　主管：　　保管：石磊　　检验：张浩　　交库：孙骁峰

10. 6月6日以银行存款缴纳上月税金。

黑龙江省税务局

税收通用缴款书

预算科目 款：
项：

隶属关系：

填发日期： 年 月 日　　　　经济性质：

收入机关		缴款单位	全　称	
予算级次			账　号	
收款国库			开户银行	
税款所属时期： 年 月 日		税款限缴日期： 年 月 日		

类别名称	单　位	数　量	单价或单位税额	销售收入（收益）额或计税总值	税率（%）	入库税额									
						千	百	十	万	千	百	十	元	角	分
税额合计	人民币（大写）： 仟 佰 拾 万 仟 佰 拾 元 角 分														

缴款单位 （盖章）	税务机关 专管员（章）	上列款项已收妥并划转收款单位账户 国库（银行）盖章 年 月 日	备注：

第一联（收据）国库收款盖章后退缴款单位

无银行收讫章和税务机关章收取现金无效

黑龙江省税务局

增值税缴款书

予算科目 款：
项：

隶属关系：

填发日期： 年 月 日　　　　经济性质：

收入机关		缴款单位	全　称	
予算级次			账　号	
收款国库			开户银行	
计算方法：	税款所属时期： 年 月 日	税款限缴日期： 年 月 日		

产品名称	单位	数量	单位价格	销售收入额或计税总值	扣除金额	税率（%）	扣除税额	已缴税额	本次入库税额									
									千	百	十	万	千	百	一	元	角	分
教育费附加	按入库税额征收 %																	
税额合计	人民币（大写）： 仟 佰 拾 万 仟 佰 拾 元 角 分																	

缴款单位 （盖章）	税务机关 专管员（章）	上列款项已收妥并划转收款单位账户 国库（银行）盖章 年 月 日	备注：

第一联（收据）国库收款盖章后退缴款单位

无银行收讫章和税务机关章收取现金无效

黑龙江省税务局

税收专用缴款书

预算科目 款：
项：

隶属关系：

填发日期： 年 月 日 经济性质：

收入机关		缴款单位	全 称	
预算级次			账 号	
收款国库			开户银行	
原缴款书字别号码：		税款限缴日期： 年 月 日		

纳税项目（原纳税种）	计税总值（原纳税额）	税率 %	税 额	减征率 %	减征税额	入库税额									
						千	百	十	万	千	百	十	元	角	分
税额合计	人民币（大写）： 仟 佰 拾 万 仟 佰 拾 元 角 分														

缴款单位	税务机关	上列款项已收妥并划转收款单位账户	备注：
（盖章）	专管员（章）	国库（银行）盖章 年 月 日	

无银行收讫章和税务机关章收取现金无效

第一联（收据）国库收款盖章后退缴款单位

11. 6月7日托收承付方式销售甜粉，价税合计936 000元。对方单位资料：哈尔滨大华商店，纳税登记号：230105674358143，账号：024637234 — 22087，开户行：中国银行哈尔滨分行太平支行。

齐齐哈尔华齐乳品厂

出 库 单

2016年6月7日 8册032号

产品或物资名称	规 格	单位	数 量	单 价	金 额
甜粉	20袋/箱	箱	4 000		

客户： 保管员：石磊 填制：张莉

第二联 会计记账根据

信

中国工商银行**托收承付**结算凭证（回单）1

委托日期：　　年　月　日　　　　　　　　　　委收号码：

收款单位	全　称		付款单位	全　称	
	账　号			账　号	
	开户银行			开户银行	
托收金额	人民币（大写）				¥
附寄单证张数或册数		商品发运情况		合同名称号码	
备注：		复核：　记账：			

单位主管：　　会计：　　复核：　　记账：

此联是收款人开户银行给收款人的回单

黑龙江省增值税专用发票

开票日期：　　年　月　日　　　　　　　　　　No. 0024311

购货单位	名称		税务登记号				
	地址、电话		开户银行及账号				
货物或应税劳务名称	规格型号	计量单位	数量	单价	金额（百十万千百十元角分）	税率（%）	税额（百十万千百十元角分）
合计							
价税合计	仟　佰　拾　万　仟　佰　拾　元　角　分				¥		
备注							
销货单位	名称		税务登记号				
	地址、电话		开户银行及账号				

销货单位（章）：　　收款人：　　复核人：　　开票人：

第四联　记账联　售货方记账

12.

领 料 单

领料单位：生产车间　　2016 年 6 月 7 日　　编号：200706004

用途	生产甜粉	材料类别	原材料	材料编号	12303
材料名称及规格	单位	请领数	实发数	单价	金　额
卵磷脂	吨	1	1		
备注：					

第二联　会计记账联

领料单位负责人：王力　　记账：　　发料：石磊　　领料：王明

13.

领 料 单

领料单位：生产车间　　2016 年 6 月 7 日　　编号：200706005

用　途	生产甜粉	材料类别	原材料	材料编号	12302
材料名称及规格	单位	请领数	实发数	单价	金　额
砂糖	吨	10	10		
备注：					

第二联　会计记账联

领料单位负责人：王力　　记账：　　发料：石磊　　领料：王明

14.

中国工商银行 转账支票

本支票付款期十天

支票号码：AE　0579363

签发日期：贰零壹陆年零陆月零叁日

开户银行名称：工商行齐市分行建华支行户

收款人：齐齐哈尔华齐乳品厂

签发人账号：201-08247562-589

人民币（大写）：捌万元整	千	百	十	万	千	百	十	元	角	分
			¥	8	0	0	0	0	0	0

用途：偿还货款

上列款项请从我的账户内支付

签发人盖章

科目（付）

对方科目（收）

转账日期　　年　　月　　日

复核　　记账

付款单位责任人		持票人身份证号码		持票人初签		持票人复签	

请受票人核验持票人初签、复签字迹及身份证号码

提货无效

中国工商银行进账单（回单）1

年　　月　　日　　　　第　　　　号

收款人全称				退票	笔数	共　　笔
账号		开户银行		退票	金额	¥

人民币（大写）	千	百	十	万	千	百	十	元	角	分	退票后金额	千	百	十	万	千	百	十	元	角	分

付款人账号	支票号码	金额 千	百	十	万	千	百	十	元	角	分	付款人账号	支票号码	金额 千	百	十	万	千	百	十	元	角	分	收款人开户行加盖转讫章处

此联是收款人开户行交给收款人的回单或收账通知

单位主管　　　会计　　　复核　　　记账

15.

中国人民建设银行信汇凭证（收账通知或取款收据）4

第124号

委托日期：2016年 6月 4 日　　应解汇款编号

<table>
<tr><td rowspan="3">汇款人</td><td>全称</td><td colspan="3">大庆地下商场</td><td rowspan="3">收款人</td><td>全称</td><td colspan="3">齐齐哈尔华齐乳品厂</td></tr>
<tr><td>账号或地址</td><td colspan="3">0278574364-22049</td><td>账号或地址</td><td colspan="3">201-01369426-521</td></tr>
<tr><td>汇出地点</td><td>黑龙江省大庆市</td><td>汇出行名称</td><td>建行</td><td>汇入地点</td><td>黑龙江省齐齐哈尔市</td><td>汇入行名称</td><td>建华支行</td></tr>
<tr><td>金额</td><td colspan="8">人民币
（大写）壹拾贰万陆仟伍佰元整</td><td>千 百 十 万 千 百 十 元 角 分
¥ 1 2 6 5 0 0 0 0</td></tr>
<tr><td colspan="2">汇款用途</td><td colspan="4">偿还货款</td><td colspan="3">留行待取预留收款人签名</td><td></td></tr>
<tr><td colspan="4">上列款项已代进账，如有错误，请持此联来行面洽。
（汇入行盖章）
2016 年 6 月 9 日</td><td colspan="3">上列款项已照收无误
（收款人盖章）
2016 年 6 月 9 日</td><td colspan="3">科目（借）
对方科目（贷）
汇出行解汇日期 2016 年 6 月 9 日
复核：李进　出纳：李林
记账：刘平</td></tr>
</table>

此联是收款人的收账通知或代取款收据

16.

中国工商银行信汇凭证（收账通知或取款收据）4

第023号

委托日期　2016 年 5 月 30 日　　应解汇款编号

<table>
<tr><td rowspan="3">汇款人</td><td>全称</td><td colspan="3">上海丽华商店</td><td rowspan="3">收款人</td><td>全称</td><td colspan="3">齐齐哈尔华齐乳品厂</td></tr>
<tr><td>账号或地址</td><td colspan="3">7328594372-01474</td><td>账号或地址</td><td colspan="3">201-01369426-521</td></tr>
<tr><td>汇出地点</td><td>上海市</td><td>汇出行名称</td><td>工商行</td><td>汇入地点</td><td>黑龙江省齐齐哈尔市</td><td>汇入行名称</td><td>建华支行</td></tr>
<tr><td>金额</td><td colspan="8">人民币
（大写）壹拾叁万陆仟伍佰元整</td><td>千 百 十 万 千 百 十 元 角 分
¥ 1 3 6 5 0 0 0 0</td></tr>
<tr><td colspan="2">汇款用途</td><td colspan="4">偿还货款</td><td colspan="3">留行待取预留收款人签名</td><td></td></tr>
<tr><td colspan="4">上列款项已代进账，如有错误，请持此来行面洽。
（汇入行盖章）
2016 年 6 月 9 日</td><td colspan="3">上列款项已照收无误
（收款人盖章）
2016 年 6 月 9 日</td><td colspan="3">科目（借）
对方科目（贷）
汇出行解汇日期 2016 年 6 月 9 日
复核：王立成　出纳：曲芳
记账：方军明</td></tr>
</table>

此联是收款人的收账通知或代取款收据

8.5 cm × 17.5 cm（白纸黑油墨）

17.

齐齐哈尔华齐乳品厂

入　库　单

交库单位：生产车间　　　　2016年6月10日　　　　编号：200706002

品　名	甜粉	生产批号	200706-002
等　级	特等粉	化验单编号	200706002

规格	单位	数 量	单 价		金　额
20 袋 / 箱	箱	4 000			

第三联　财务

审核：　　　　保管员：石磊　　　　交库：王明

18. 销售甜粉，价税合计702 000元。购货单位资料：龙琦商厦批发中心，纳税登记号：230203117617612。

齐齐哈尔华齐乳品厂

出　库　单

2016年6月10日　　　　8册033号

产品或物资名称	规 格	单位	数 量	单 价	金　额
甜粉	20 袋 / 箱	箱	3 000		

第二联　会计记账根据

客户：李明　　　　保管员：石磊　　　　填制：张莉

本支票付款期十天

中国工商银行 转账支票

支票号码：AE 9573185

签发日期：贰零壹陆年零陆月壹拾日

开户银行名称：工商行齐市分行建华支行

收款人：齐齐哈尔华齐乳品厂

签发人账号：201-02764573-113

人民币（大写）：柒拾万零贰仟元整	千	百	十	万	千	百	十	元	角	分
			¥	7	0	2	0	0	0	0

用途：购奶粉

科目（付）

上列款项请从我的账户内支付

对方科目（收）

签发人盖章

转账日期 年 月 日

复核 记账

付款单位责任人		持票人身份证号码		持票人初签		持票人复签	

请受票人核核验持票人初签、复签字迹及身份证号码

提货无效

中国工商银行进账单（回单或收账通知）1

年 月 日 第 号

收款人全称				退票	笔数	共 笔
账号		开户银行			金额	¥

人民币（大写）	千	百	十	万	千	百	十	元	角	分	退票后金额	千	百	十	万	千	百	十	元	角	分

付款人账号	支票号码	金额 千	百	十	万	千	百	十	元	角	分	付款人账号	支票号码	金额 千	百	十	万	千	百	十	元	角	分	收款人开户行盖章

单位主管 会计 复核 记账

此联是收款人开户行交给收款人的回单或收账通知

黑龙江省增值税专用发票

开票日期：　　　　年　　月　　日　　　　　　　　　　　　　　　　　No. 0024312

购货单位 名称		税务登记号	
地址、电话		开户银行及账号	

货物或应税劳务名称	规格型号	计量单位	数量	单价	金额									税率（%）	税额								
					百	十	万	千	百	十	元	角	分		百	十	万	千	百	十	元	角	分
合计																							

价税合计	仟　佰　拾　万　仟　佰　拾　元　角　分　¥
备注	

销货单位 名称		税务登记号	
地址、电话		开户银行及账号	

销货单位（章）：　　　　收款人：　　　　复核人：　　　　开票人：

第四联　记账联　售货方记账

19. 开出转账支票购入包装物。

黑龙江省增值税专用发票

发票联

开票日期：2016 年 6 月 10 日　　　　　　　　　　　　　　　　　Nc. 3568747

购货单位 名称	齐齐哈尔华齐乳品厂	税务登记号	2 3 0 2 0 2 5 2 0 2 1 3 8 8 3
地址、电话	0452-2735764	开户银行及账号	工行建华支行 201-01369426-521

货物或应税劳务名称	规格型号	计量单位	数量	单价	金额									税率（%）	税额								
					百	十	万	千	百	十	元	角	分		百	十	万	千	百	十	元	角	分
铝铂袋		个	200 000	0.58	¥	1	1	6	0	0	0	0	0	17	¥	1	9	7	2	0	0	0	0
合计					¥	1	1	6	0	0	0	0	0	17	¥	1	9	7	2	0	0	0	0

价税合计	⊗佰壹拾叁万伍仟柒佰贰拾零元零角零分　¥ 135 720.00
备注	

销货单位 名称	齐市大明包装材料厂	税务登记号	2 3 0 2 0 8 7 6 5 4 7 8 3 4 9
地址、电话	0452-2557428	开户银行及账号	工行建华支行 201-02357621-587

销货单位（章）：　　　　收款人：郑洁　　　　复核人：　　　　开票人：肖建军

第二联　发票联　购货方记账凭证

（本票据请自填）

齐齐哈尔华齐乳品厂

收 料 单

发票号：　　　　　　　　　　年　　月　　日　　　　　　　　No.

供应单位		材料类别及编号					
名称及规格	计量单位	数量		实际成本			
		发票	实收	发票价格	运杂费	合计	单价
备注：							

核算：　　　主管：　　　保管：　　　检验：　　　交库：

记账联

20. 6月14日，开出电汇票据，委托银行支付前欠哈尔滨市食品填加剂厂货款210 000元。对方资料：账号：08267481-22324，汇入行：工商行哈尔滨分行太平支行。

中国工商银行电汇凭证（回　单）1

第081号

委托日期：　　　年　　月　　日

汇款人	全称				收款人	全称			
	账号或地址					账号或地址			
	汇出地点	省　市	汇出行名称			汇入地点	省　市	汇入行名称	

金额	人民币（大写）	千	百	十	万	千	百	十	元	角	分

汇款用途		
上列款项已根据委托办理，如须查询，请持此联来行面洽。		（汇出行盖章） 年　月　日
单位主管：　　会计：　　复核：　　记账：		

此联是汇出行给汇款人的回单

21.

领　料　单

领料单位：生产车间　　2016年6月14日　　编号：200706006

用　途	生产甜粉	材料类别	原材料	材料编号	12302
材料名称及规格	单位	请领数	实发数	单价	金　额
砂糖	吨	10	10		
备注：					

第二联　会计记账联

领料单位负责人：　　记账：　　发料：石磊　　领料：王明

22.

领　料　单

领料单位：生产车间　　2016年6月14日　　编号：200706007

用　途	生产甜粉	材料类别	原材料	材料编号	12302
材料名称及规格	单位	请领数	实发数	单价	金　额
卵磷脂	吨	1	0.5		
备注：					

第二联　会计记账联

领料单位负责人：　　记账：　　发料：石磊　　领料：王明

领　料　单

领料单位：生产车间　　　　2016 年 6 月 14 日　　　　编号：200706008

用　途	生产甜粉	材料类别	包装物	材料编号	12601
材料名称及规格	单位	请领数	实发数	单价	金　额
铝铂袋	个	120 000	120 000		
备注：					

第二联　会计记账联

领料单位负责人：　　　　记账：　　　　发料：石磊　　　　领料：王明

23.

齐齐哈尔华齐乳品厂

入　库　单

交库单位：生产车间　　　　2016 年 6 月 14 日　　　　编号：200706003

品　名	甜粉		生产批号	200706003
等　级	特等粉		化验单编号	200706003
规格	单位	数 量	单　价	金　额
20 袋 / 箱	箱	3 550		

第三联　财务

审核：　　　　保管员：石磊　　　　交库：王明

24.

信　中国工商银行**托收承付**结算凭证（收账通知）4

承　付　期　限	
到期　年　月　日	

委托日期：2016年6月7日　　　　委收号码：2001060015

收款单位	全　称	齐齐哈尔华齐乳品厂	付款单位	全　称	哈尔滨大华商店
	账　号	201-01369426-521		账　号	0246437234-22087
	开户银行	工商行建华支行		开户银行	中国银行
托收金额	人民币（大写）玖拾叁万陆仟元整			¥ 936 000.00	
附寄单证张数或册数		商品发运情况		合同名称号码	
2		铁路发运			
备注：		款项收妥日期 2016年6月15日		银行专用章 （收款单位开户银行盖章） 2016年6月15日	

此联是收款人开户行给收款人的收款通知

25. 6月16日，开出转账支票采购。

黑龙江省增值税专用发票

发票联

开票日期：2016年6月15日　　　　No. 7234506

购货单位	名称	齐齐哈尔华齐乳品厂			税务登记号	2	3	0	2	0	2	5	2	0	2	1	3	8	8	3		
	地址、电话	0452-2735764			开户银行及账号	201-01369426-521																
货物或应税劳务名称	规格型号	计量单位	数量	单价	金额 百	十	万	千	百	十	元	角	分	税率（%）	税额 百	十	万	千	百	十	元	角	分
卵磷脂		吨	5	26 000	¥	1	3	0	0	0	0	0	0	17		¥	2	2	1	0	0	0	0
价税合计	仟⊗佰壹拾伍万贰仟壹佰零拾零元零角零分　¥ 152 100.00																						
备注																							
销货单位	名称	市豆业公司			税务登记号	2	3	0	2	0	0	4	7	6	8	4	2	8	6	9		
	地址、电话	0452-25576439			开户银行及账号	201-01369426-581																

第二联　发票联　购货方记账凭证

销货单位（章）：　　收款人：赵凤娟　　复核人：　　开票人：徐建

齐齐哈尔华齐乳品厂

收 料 单

发票号：7234506　　2016 年 6 月 16 日　　No. 200706003

供应单位	齐市豆业公司		材料类别及编号		原材料　12303		
名称及规格	计量单位	数量		实际成本			
		发票	实收	发票价格	运杂费	合计	单价
卵磷脂	吨	5	5				
备注：							

记账联

核算：　　主管：　　保管：石磊　　检验：张浩　　交库：孙晓峰

26.

齐齐哈尔华齐乳品厂

借 款 凭 证

2016 年 6 月 18 日

借款人姓名	王飞	借款事由	支哈尔滨订货
借款金额	人民币（大写）陆佰元整　¥ 600.00	偿还日期	2007.6.30
财务负责人意见	同意　马政　2007.6.18	出纳	
部门负责人意见	同意　陈吉　2007.6.18	借款人签字	

27.

中国工商银行 转账支票

支票号码：AE　2763845

本支票付款期十天

签发日期：贰零壹陆年零陆月壹拾玖日　　开户银行名称：工商行齐市分行建华支行

收 款 人：齐齐哈尔华齐乳品厂　　签发人账号：201-03769364-586

人民币（大写）：柒拾万零贰仟元整	千	百	十	万	千	百	十	元	角	分
		¥	7	0	2	0	0	0	0	0

用途：购奶粉　　科目（付）

上列款项请从我的账户内支付　　对方科目（收）

签发人盖章　　转账日期　　年　　月　　日

复核　　记账

付款单位责任人		持票人身份证号码		持票人初签		持票人复签	

请受票人核验持票人初签、复签字迹及身份证号码

齐齐哈尔华齐乳品厂

出　库　单

2016 年 6 月 20 日　　8 册 034 号

产品或物资名称	规 格	单位	数 量	单 价	金 额
甜粉	20 袋 / 箱	箱	3 000		

第二联　会计记账根据

客户：　　保管员：石磊　　填制：张莉

黑龙江省增值税专用发票

开票日期：　　　　年　　月　　日　　　　　　　　　　　　No. 0024313

购货单位	名称			税务登记号																				
	地址、电话			开户银行及账号																				
货物或应税劳务名称	规格型号	计量单位	数量	单价	金额									税率（%）	税额									
					百	十	万	千	百	十	元	角	分		百	十	万	千	百	十	元	角	分	
合计																								
价税合计	仟　佰　拾　万　仟　佰　拾　元　角　分　　　¥																							
备注																								
销货单位	名称			税务登记号																				
	地址、电话			开户银行及账号																				

第四联　记账联　售货方记账

销货单位（章）：　　　　收款人：　　　　复核人：　　　　开票人：

提货无效

中国工商银行**进账单**（回单或收账通知）　1

年　　月　　日　　　　　　　　第　　号

收款人全称														退票	笔数	共　　笔									
账　　号		开户银行													金额	¥									
人民币（大写）				千	百	十	万	千	百	十	元	角	分	退票后金额		千	百	十	万	千	百	十	元	角	分
付款人账号	支票号码	金额										付款人账号	支票号码	金额										收款人开户行盖章	
		千	百	十	万	千	百	十	元	角	分			千	百	十	万	千	百	十	元	角	分		

此联是收款人开户行交给收款人的回单或收账通知

单位主管　　　　会计　　　　复核　　　　记账

28.

领　料　单

领料单位：生产车间　　　　2016年6月20日　　　　编号：200706009

用　途	生产婴儿粉	材料类别	原材料	材料编号	12302
材料名称及规格	单位	请领数	实发数	单价	金　额
砂糖	吨	1.5	1.5		
备注：					

第二联　会计记账联

领料单位负责人：王力　　　记账：　　　发料：石磊　　　领料：王明

29.

领　料　单

领料单位：生产车间　　　　2016年6月20日　　　　编号：200706010

用　途	生产婴儿粉	材料类别	原材料	材料编号	12304
材料名称及规格	单位	请领数	实发数	单价	金　额
乳清粉	个	30	30		
备注：					

第二联　会计记账联

领料单位负责人：王力　　　记账：　　　发料：石磊　　　领料：王明

30.

领 料 单

领料单位：生产车间　　2016 年 6 月 20 日　　编号：200706011

用　途	生产婴儿粉	材料类别	原材料	材料编号	12601
材料名称及规格	单位	请领数	实发数	单价	金　额
铝箔袋	个	310 000	310 000		
备注：					

第二联　会计记账联

领料单位负责人：王力　　记账：　　发料：石磊　　领料：王明

31.

齐齐哈尔华齐乳品厂

入 库 单

生产单位：生产车间　　2016 年 6 月 21 日　　编号：200706004

产品名称	甜粉		生产批号	200706004
等级	特等粉		化验单编号	200706004
规　格	单　位	数量	单　价	金　额
20 袋 / 箱	箱	4 750		

审核：　　保管员：石磊　　交库：王明

32.

齐齐哈尔华齐乳品厂

收 料 单

发票号：03783216　　　　2016 年 6 月 22 日　　　　No. 200706004

供应单位	豆制品综合加工厂			材料类别及编号		12304	
名称及规格	计量单位	数量		实际成本			
		发票	实收	发票价格	运杂费	合计	单价
乳清粉	吨	30	30				
备注：							

记账联

核算：　　主管：　　保管：石磊　　检验：张浩　　交库：孙晓峰

中国工商银行汇票委托书（存根）1　　　　第　　号

委托日期　　　　年　　月　　日

收款人				汇款人	
账号或地址				账号或地址	
兑付地点	省　　市	兑付行		汇款用途	
汇款金额	人民币（大写）				千 百 十 万 千 百 十 元 角 分
备注：		科目： 对方科目： 财务主管：　复核：　经办：			

此联由汇款人留存作记账传票

代垫费用结算明细表

客户名称：齐齐哈尔华齐乳品厂　　　　2016年6月19日

明细项目	金额（元）	单据张数	单据号码	说明
铁路运费	¥854.27	3		哈尔滨豆制品综合加工厂转讫
装费	¥120.00	1		
市内运费	¥145.00	1		
其他运费				
其他费用				
小计	¥1 119.27	5		

欠据

2016年6月19日

人民币（大写）：壹仟壹佰壹拾玖元贰角柒分

上款系：哈尔滨豆制品综合加工厂代垫运费　　¥ 1 119.27

欠款单位：齐齐哈尔华齐乳品厂　　经手人：王飞

负责人：　　出纳：

黑龙江省增值税专用发票

发票联

开票日期：2016 年 6 月 19 日　　　　No. 03783216

购货单位	名称	齐齐哈尔华齐乳品厂			税务登记号	230202520213883																		
	地址、电话	0452-2735764			开户银行及账号	201-01369426-521																		
货物或应税劳务名称	规格型号	计量单位	数量	单价	金额									税率（%）	税额									
					百	十	万	千	百	十	元	角	分		百	十	万	千	百	十	元	角	分	
乳清粉	50 公斤/袋	吨	30	7 200.00	¥	2	1	6	0	0	0	0	0	17		¥	3	6	7	2	0	0	0	
合 计					¥	2	1	6	0	0	0	0	0	17		¥	3	6	7	2	0	0	0	
价税合计	仟⊗佰贰拾伍万贰仟柒佰贰拾零元零角零分　　¥ 252 720.00																							
备注																								
销货单位	名称	哈尔滨豆制品综合加工厂			税务登记号	230200476842869																		
	地址、电话	0452-2712012			开户银行及账号	211-03765724-613																		

第二联　发票联　购货方记账凭证

销货单位（章）：　　收款人：　　复核人：刘信平　　开票人：李艳

33．6 月 25 日，开出转账支票支付广告费。

黑龙江省广告业专用发票

No. 4571608

开票时间：2016 年 6 月 25 日　　发 票 联　　黑地税（01）A

付款单位	名　称	齐齐哈尔华齐乳品厂	收款单位	名　称	市电视台
	税务登记号	230202520213883		税务登记号	230202763854681

编号	项　目	摘　要	单位	数量	单价	金额 百	十	万	千	百	十	元	角	分
	产品广告						¥	6	0	0	0	0	0	0
	合 计						¥	6	0	0	0	0	0	0
合计（大写）	佰⊗拾陆万零仟零佰零拾零元零角零分　　¥ 60 000.00													

第二联　付款单位记账联

收款人：张建军　　经办：方旺　　收款单位（盖章）

34.

齐齐哈尔华齐乳品厂

入 库 单

生产单位：生产车间　　　　2016 年 6 月 25 日　　　　编号：200706005

产品名称	婴儿粉		生产批号	200706005
等级	特等粉		化验单编号	200706005
规　格	单　位	数量	单　价	金　额
20 袋 / 箱	箱	8 000		

审核：　　　　保管员：石磊　　　　交库：王明

35. 6 月 7 日托收承付方式销售甜粉，价税合计 842 400 元。对方单位资料：哈尔滨大华商店，纳税登记号：230105674358143，账号：024637234 — 22087，开户行：中国银行哈尔滨分行太平支行。

齐齐哈尔华齐乳品厂

出 库 单

2016 年 6 月 7 日　　　　8 册 032 号

产品或物资名称	规 格	单位	数 量	单 价	金 额
甜粉	20 袋 / 箱	箱	4 000		

第二联　会计记账根据

客户：　　　　保管员：石磊　　　　填制：张莉

信

中国工商银行**托收承付**结算凭证（回单）1

委托日期：　　年　　月　　日　　　　　　　　托收号码：

收款单位	全　称		付款单位	全　称	
	账　号			账　号	
	开户银行			开户银行	
托收金额	人民币（大写）			¥	

附寄单证张数或册数	商品发运情况	合同名称号码

备注：	复核：　　　记账：

单位主管：　　　会计：　　　复核：　　　记账：

此联是收款人开户银行给收款人的回单

黑龙江省增值税专用发票

开票日期：　　年　　月　　日　　　　　　　　No. 0024311

购货单位	名称		税务登记号	
	地址、电话		开户银行及账号	

货物或应税劳务名称	规格型号	计量单位	数量	单价	金额									税率（%）	税额								
					百	十	万	千	百	十	元	角	分		百	十	万	千	百	十	元	角	分
合　计																							

价税合计	仟　佰　拾　万　仟　佰　拾　元　角　分　　¥
备注	

销货单位	名称		税务登记号	
	地址、电话		开户银行及账号	

销货单位（章）：　　　收款人：　　　复核人：　　　开票人：

第四联　记账联　售货方记账

36.

委邮

委托收款凭证（付款通知）5

委托号码：

委托日期：2016年6月20日　　　　付款期限：　年　月　日

收款单位	全　　称	齐齐哈尔华齐乳品厂	付款单位	全　　称	齐市电业局		
	账号或地址	201-01369426-521		账号或地址	201-08256741-635		
	开户银行	工商行齐市分行建华支行		开户银行	工商行建华支行	行号	201
托收金额	人民币（大写）肆万捌仟元整				¥ 48 000.00		
款项内容	电费	委托收款凭据名称	电费结算单	附寄单证张数	2		
备注：		付款人注意 1. 根据结算方法，上列委托收收款，如在付款期限内未拒付时，即视同全部同意付款，以此联代付款通知。 2. 如需提前承付或多承付时，应另定书面通知送银行办理。 3. 如系全部或部分拒付，应在承付期限内另填拒绝承付理由书送银行办理。					

此联是付款人开户银行给付款人按期付款的通知

单位主管：　　会计：　　复核：　　记账：　　　　付款人开户银行盖章　6月25日

说明：其中有32 000元是生产用电（计入制造费用），16 000元为照明用电（计入管理费用）。

37.

收　据

第 21 号

今收到　王飞交来现金					
人民币（大写）　壹佰叁拾元整　　¥ 130.00					
事由：公出报旅费，返回现金				现金：600.00 元	
				支票：第　　号	
收款单位	齐齐哈尔华齐乳品厂	财务主管	马政　25/6	收款人	王洋　25/6

附单据　　张

差旅费报销单

2016年6月25日

部门	姓名	预借款	报销额	超余额	出差事由	单据张数	主管领导审批
供销科	王飞	600	470.00	130.00	购料	（略）	方立勇　25/6

出发地			到达地			住勤补助费				车船费	卧铺补助	其他	住宿费					本省交通费			省外交通费		
月	日	地名	月	日	地名	天数	人数	标准	金额	火车客车轮船飞机		订票电话保险会费其它	天数	人数	标准	金额	补差	单价	张数	金额	标准	天数	金额
6	19	齐齐哈尔市	6	19	哈尔滨	4	1	30	120	60		5	4	1	40	160				60			
6	23	哈尔滨	6	23	齐齐哈尔市					60		5											
合　计									120	120		10				160				60			

人民币（大写）肆佰柒拾元整　　　　（小写）￥470.00

报销部门负责人审批：

陈吉　　25/6

经费指标科目，财务主管审批

马政　　25/6

备注及特批票据名称：

原因及金额：

负责人审批：

38.

收 奶 票

齐乳奶运　　2016年6月1日　　单位：公斤

奶站名称	数 量	脂 肪	酸 度	密 度	收奶员	备 注
第一奶站	3 000	5.6%	16.1	2.83	王 涛	

二联财务

第1 趟　　司机：李天龙

说明：由于收奶数量较大，这里仅给出一个原样，鲜奶价格按平均每吨1 300.00元计算；前20日收购鲜奶用于生产甜粉，后10日收购鲜奶用于生产婴儿粉。

收 奶 票

齐乳奶运　　2016年6月2日—20日　　单位：公斤

奶站名称	数 量	脂 肪	酸 度	密 度	收奶员	备 注
第一奶站	400 000	5.6%	16	2.8	王 涛	

二联财务

第　趟　　司机

收 奶 票

齐乳奶运　　2016年6月21日—30日　　单位：公斤

奶站名称	数 量	脂 肪	酸 度	密 度	收奶员	备 注
第二奶站	290 000	3.5%	16	2.8	丁 敏	

二联财务

第　趟　　司机

收 奶 票

齐乳奶运　　2016年6月1日—20日　　单位：公斤

奶站名称	数 量	脂 肪	酸 度	密 度	收奶员	备 注
市农牧厂	310 000	3.5%	16	2.8	孙小红	

二联财务

第　趟　　司机

收 奶 票

齐乳奶运　　2016 年 6 月 21 日—30 日　　单位：公斤

奶站名称	数 量	脂 肪	酸 度	密 度	收奶员	备 注
第一奶站	150 000	3.5%	16	2.8	王 涛	

二联财务

第　趟　司机

收 奶 票

齐乳奶运　　2016 年 6 月 1 日—20 日　　单位：公斤

奶站名称	数 量	脂 肪	酸 度	密 度	收奶员	备 注
第二奶站	170 000	3.5%	16	2.8	丁敏	

二联财务

第　趟　司机

收 奶 票

齐乳奶运　　2016 年 6 月 21 日—30 日　　单位：公斤

奶站名称	数 量	脂 肪	酸 度	密 度	收奶员	备 注
市农牧厂	180 000	3.5%	16	2.8	孙小红	

二联财务

第　趟　司机

耗奶计算表(代领料单)

年　月　日　　单位：元 / 公斤

产品名称	耗用鲜奶	平均单价	总金额	备注

39. 月末开出 3 张转张支票分送第一奶站（160 000 元）、第二奶站（150 000 元）和农牧厂（150 000 元）用于支付部分收购鲜奶款。

40. 计提折旧

注：自制折旧计算表格，根据给出的资料计算折旧额。以下业务中无原始凭证的均需自制（可参考单项实训中的表格格式）。

41. 核算本月工资总额 168 800 元，其中生产工人 126 000 元，车间管理人员 10 600 元，厂部管理人员 32 200 元。按工资总额的 14% 提取福利费，2% 提取工会经费，1.5% 提取职工教育经费。

42. 提取现金发工资。

43. 6 月 30 日，按耗用机器工时比列分配制造费用（本月生产甜粉耗用总工 280 小时，生产婴儿粉耗用 120 小时）。

44.

齐齐哈尔华齐乳品厂

入　库　单

生产单位：生产车间　　　　2016 年 6 月 30 日　　　　编号：200706006

产品名称	婴儿粉		生产批号	200706006
等　级	特等粉		化验单编号	200706006
规　格	单　位	数　量	单　价	金　额
20 袋 / 箱	箱	7 000		

审核：　　　　保管员：石磊　　　　交库：王明

45. 6 月 30 日，按实际产量结转完工产品成本（假定除包装物外其他材料全部耗用，同时各间接费用全部结转）。

46. 6 月 30 日，结转销售成本。

47. 6 月 30 日，利润核算，结清所有损益类账户，按本期“本年利润”账户的借贷方差额的 33% 计算所得税。

48. 6 月 30 日，按本期利润净额提盈余公积。

49. 6 月 30 日，按本期利润净额核算应付利润。

附录

会计基础工作规范

（1996 年 6 月 17 日财政部财会字 19 号发布）

第一章　总　则

第一条　为了加强会计基础工作，建立规范的会计工作秩序，提高会计工作水平，根据《中华人民共和国会计法》的有关规定，制定本规范。

第二条　国家机关、社会团体、企业、事业单位、个体工商户和其他组织的会计基础工作，应当符合本规范的规定。

第三条　各单位应当依据有关法律、法规和本规范的规定，加强会计基础工作，严格执行会计法规制度，保证会计工作依法有序地进行。

第四条　单位领导人对本单位的会计基础工作负有领导责任。

第五条　各省，自治区、直辖市财政厅（局）要加强对会计基础工作的管理和指导，通过政策引导、经验交流、监督检查等措施，促进基层单位加强会计基础工作，不断提高会计工作水平。

国务院各业务主管部门根据职责权限管理本部门的会计基础工作。

第二章　会计机构和会计人员

第一节　会计机构设置和会计人员配备

第六条　各单位应当根据会计业务的需要设置会计机构；不具备单独设置会计机构条件的，应当在有关机构中配人员。

事业行政单位会计机构的设置和会计人员的配备，应当符合国家统一事业行政单位会计制度的规定。

设置会计机构，应当配备会计机构负责人；在有关机构中配备专职会计人员，应当在专职会计人员中指定会计主管人员。

会计机构负责人、会计主管人员的任免，应当符合《中华人民共和国会计法》和有关法律的规定。

第七条　会计机构负责人、会计主管人员应当具备下列基本条件：

（一）坚持原则，廉洁奉公；

（二）具有会计专业技术资格；

（三）主管一个单位或者单位内一个重要方面的财务会计工作时间不少于 2 年；

（四）熟悉国家财经法律、法规、规章和方针、政策，掌握本行业业务管理的有关知识；

（五）有较强的组织能力；

（六）身体状况能够适应本职工作的要求。

第八条　没有设置会计机构和配备会计人员的单位，应当根据《代理记账管理暂行办法》委托会计师事务所或者持有代理记账许可证书的其他代理记账机构进行代理记账。

第九条 大、中型企业、事业单位、业务主管部门应当根据法律和国家有关规定设置总会计师。总会计师由具有会计师以上专业技术资格的人员担任。

总会计师行使《总会计师条例》规定的职责、权限。

总会计师的任命（聘任）、免职（解聘）依照《总会计师条例》和有关法律的规定办理。

第十条 各单位应当根据会计业务需要配备持有会计证的会计人员。未取得会计证的人员，不得从事会计工作。

第十一条 各单位应当根据会计业务需要设置会计工作岗位。

会计工作岗位上般可分为：会计机构负责人或者会计主管人员，出纳，财产物资核算，工资核算，成本费用核算；财务成果核算，资金核算，往来结算，总账报表，稽核，档案管理等。开展会计电算化和管理会计的单位，可以根据需要设置相应工作岗位，也可以与其他工作岗位相结合。

第十二条 会计工作岗位，可以一人一岗、一人多岗或者一岗多人。但出纳人员不得兼管稽核、会计档案保管和收入、费用、债权债务账目的登记工作。

第十三条 会计人员的工作岗位应当有计划地进行轮换。

第十四条 会计人员应当具备必要的专业知识和专业技能，熟悉国家有关法律、法规，规章和国家统一会计制度，遵守职业道德。

会计人员应当按照国家有关规定参加会计业务的培训。各单位应当合理安排会计人员的培训，保证会计人员每年有一定时间用于学习和参加培训。

第十五条 各单位领导人应当支持会计机构、会计人员依法行使职权；对忠于职守，坚持原则，做出显著成绩的会计机构、会计人员，应当给予精神的和物质的奖励。

第十六条 国家机关、国有企业、事业单位任用会计人员应当实行回避制度。

单位领导人的直系亲属不得担任本单位的会计机构负责人、会计主管人员。会计机构负责人，会计主管人员的直系亲属不得在本单位会计机构中担任出纳工作。

需要回避的直系亲属为：夫妻关系、直系血亲关系、三代以内旁系血亲以及配偶亲关系。

第二节 会计人员职业道德

第十七条 会计人员在会计工作中应当遵守职业道德，树立良好的职业品质、严谨的工作作风，严守工作纪律，努力提高工作效率和工作质量。

第十八条 会计人员应当热爱本职工作，努力钻研业务，使自己的知识和技能适应所从事工作的要求。

第十九条 会计人员应当熟悉财经法律、法规、规章和国家统一会计制度，并结合会计工作进行广泛宣传。

第二十条 会计人员应当按照会计法律、法规和国家统一会计制度规定的程序和要求进行会计工作，保证所提供的会计信息合法、真实、准确、及时、完整。

第二十一条 会计人员办理会计事务应当实事求是、客观公正。

第二十二条 会计人员应当熟悉本单位的生产经营和业务管理情况，运用掌握的会计信息和会计方法，为改善单位内部管理、提高经济效益服务。

第二十三条 会计人员应当保守本单位的商业秘密。除法律规定和单位领导人同意外，不能私自向外界提供或者泄露单位的会计信息。

第二十四条 财政部门、业务主管部门和各单位应当定期检查会计人员遵守职业道德的情况，并作为会计人员晋升、晋级、聘任专业职务、表彰奖励的重要考核依据。

会计人员违反职业道德的，由所在单位进行处罚；情节严重的，由会计证发证机关吊销其会计证。

第三节 会计工作交接

第二十五条 会计人员工作调动或者因故离职，必须将本人所经管的会计工作全部移交给接替人员。没有办清交接手续的，不得调动或者离职。

第二十六条 接替人员应当认真接管移交工作，并继续办理移交的未了事项。

第二十七条 会计人员办理移交手续前，必须及时做好以下工作：

（一）已经受理的经济业务尚未填制会计凭证的，应当填制完毕。

（二）尚未登记的账目，应当登记完毕，并在最后一笔余额后加盖经办人员印章。

（三）整理应该移交的各项资料，对未了事项写出书面材料。

（四）编制移交清册，列明应当移交的会计凭证、会计账簿、会计报表、印章、现金、有价证券、支票簿、发票、文件、其他会计资料和物品等内容；实行会计电算化的单位，从事该项工作的移交人员还应当在移交清册中列明会计软件及密码、会计软件数据磁盘（磁带等）及有关资料、实物等内容。

第二十八条 会计人员办理交接手续，必须有监交人负责监交。一般会计人员交接，由单位会计机构负责人、会计主管人员负责监交；会计机构负责人、会计主管人员交接，由单位领导人负责监交，必要时可由上级主管部门派人会同监交。

第二十九条 移交人员在办理移交时，要按移交清册逐项移交；接替人员要逐项核对点收。

（一）现金、有价证券要根据会计账簿有关记录进行点交。库存现金、有价证券必须与会计账簿记录保持一致。不一致时，移交人员必须限期查清。

（二）会计凭证、会计账簿、会计报表和其他会计资料必须完整无缺。如有短缺，必须查清原因，并在移交清册中注明，由移交人员负责。

（三）银行存款账户余额要与银行对账单核对，如不一致，应当编制银行存款余额调节表调节相符，各种财产物资和债权债务的明细账户余额要与总账有关账户余额核对相符；必要时，要抽查个别账户的余额，与实物核对相符，或者与往来单位、个人核对清楚。

（四）移交人员经管的票据、印章和其他实物等，必须交接清楚；移交人员从事会计电算化工作的，要对有关电子数据在实际操作状态下进行交接。

第三十条 会计机构负责人、会计主管人员移交时，还必须将全部财务会计工作、重大财务收支和会计人员的情况等，向接替人员详细介绍。对需要移交的遗留问题，应当写出书面材料。

第三十一条 交接完毕后，交接双方和监交人员要在移交注册上签名或者盖章，并应在移交注册上注明：单位名称，交接日期，交接双方和监交人员的职务、姓名，移交清册页数以及需要说明的问题和意见等。

移交清册一般应当填制一式三份，交接双方各执一份，存档一份。

第三十二条 接替人员应当继续使用移交的会计账簿，不得自行另立新账，以保持会计记录的连续性。

第三十三条　会计人员临时离职或者因病不能工作且需要接替或者代理的，会计机构负责人、会计主管人员或者单位领导人必须指定有关人员接替或者代理，并办理交接手续。

临时离职或者因病不能工作的会计人员恢复工作的，应当与接替或者代理人员办理交接手续。

移交人员因病或者其他特殊原因不能亲自办理移交的，经单位领导人批准，可由移交人员委托他人代办移交，但委托人应当承担本规范第三十五条规定的责任。

第三十四条　单位撤销时，必须留有必要的会计人员，会同有关人员办理清理工作，编制决算。未移交前，不得离职。接收单位和移交日期由主管部门确定。

单位合并、分立的，其会计工作交接手续比照上述有关规定办理。

第三十五条　移交人员对所移交的会计凭证、会计账簿、会计报表和其他有关资料的合法性、真实性承担法律责任。

第三章　会计核算

第一节　会计核算一般要求

第三十六条　各单位应当按照《中华人民共和国会计法》和国家统一会计制度的规定建立会计账册，进行会计核算，及时提供合法、真实、准确、完整的会计信息。

第三十七条　各单位发生的下列事项，应当及时办理会计手续、进行会计核算：

（一）款项和有价证券的收付；

（二）财物的收发、增减和使用；

（三）债权债务的发生和结算；

（四）资本、基金的增减；

（五）收入、支出、费用、成本的计算；

（六）财务成果的计算和处理；

（七）其他需要办理会计手续、进行会计核算的事项。

第三十八条　各单位的会计核算应当以实际发生的经济业务为依据，按照规定的会计处理方法进行，保证会计指标的口径一致、相互可比和会计处理方法的前后各期相一致。

第三十九条　会计年度自公历 1 月 1 日起至 12 月 31 日止。

第四十条　会计核算以人民币为记账本位币。

收支业务以外国货币为主的单位，也可以选定某种外国货币作为记账本位市，但是编制的会计报表应当折算为人民币反映。

境外单位向国内有关部门编报的会计报表，应当折算为人民币反映。

第四十一条　各单位根据国家统一会计制度的要求，在不影响会计核算要求、会计报表指标汇总和对外统一会计报表的前提下，可以根据实际情况自行设置和使用会计科目。

事业行政单位会计科目的设置和使用，应当符合国家统一事业行政单位会计制度的规定。

第四十二条　会计凭证、会计账簿、会计报表和其他会计资料的内容和要求必须符合国家统一会计制度的规定，不得伪造、变造会计凭证和会计账簿，不得设置账外账，不得报送虚假会计报表。

第四十三条　各单位对外报送的会计报表格式由财政部统一规定。

第四十四条　实行会计电算化的单位，对使用的会计软件及其生成的会计凭证、会计账簿。会计报表和其他会计资料的要求，应当符合财政部关于会计电算化的有关规定。

第四十五条 各单位的会计凭证、会计账簿、会计报表和其他会计资料，应当建立档案，妥善保管。会计档案建档要求、保管期限、销毁办法等依据《会计档案管理办法》的规定进行。

实行会计电算化的单位，有关电子数据、会计软件资料等应当作为会计档案进行管理。

第四十六条 会计记录的文字应当使用中文，少数民族自治地区可以同时使用少数民族文字。中国境内的外商投资企业、外国企业和其他外国经济组织也可以同时使用某种外国文字。

第二节 填制会计凭证

第四十七条 各单位办理本规范第三十七条规定的事项，必须取得或者填制原始凭证，并及时送交会计机构。

第四十八条 原始凭证的基本要求如下几方面。

（一）原始凭证的内容必须具备：凭证的名称；填制凭证的日期；填制凭证单位名称或者填制人姓名；经办人员的签名或者盖章；接受凭证单位名称；经济业务内容；数量、单价和金额。

（二）从外单位取得的原始凭证，必须盖有填制单位的公章；从个人取得的原始凭证，必须有填制人员的签名或者盖章。自制原始凭证必须有经办单位领导人或者其指定的人员签名或者盖章。对外开出的原始凭证，必须加盖本单位公章。

（三）凡填有大写和小写金额的原始凭证，大写与小写金额必须相符。购买实物的原始凭证，必须有验收证明。支付款项的原始凭证。必须有收款单位和收款人的收款证明。

（四）一式几联的原始凭证，应当注明各联的用途，只能以一联作为报销凭证。

一式几联的发票和收据，必须用双面复写纸（发票和收据本身具备复写纸功能的除外）套写，并连续编号。作废时应当加盖“作废”戳记，连同存根一起保存，不得撕毁。

（五）发生销货退回的，除填制退货发票外，还必须有退货验收证明；退款时，必须取得对方的收款收据或者汇款银行的凭证，不得以退货发票代替收据。

（六）职工公出借款凭据，必须附在记账凭证之后。收回借款时，应当另开收据或者退还借据副本，不得退还原借款收据。

（七）经上级有关部门批准的经济业务，应当将批准文件作为原始凭怔附件：如果批准文件需要单独归档的，应当在凭证上注明批准机关名称、日期和文件字号。

第四十九条 原始凭证不得涂改、挖补。发现原始凭证有错误的，应当由开出单位重开或者更正，更正处应当加盖开出单位的公章。

第五十条 会计机构、会计人员要根据审核无误的原始凭证填制记账凭证。

记账凭证可以分为收款凭证、付款凭证和转账凭证，也可以使用通用记账凭证。

第五十一条 记账凭证的基本要求是：

（一）记账凭证的内容必须具备：填制凭证的日期；凭证编号；经济业务摘要；会计科目；金额；所附原始凭证张数；填制凭证人员、稽核人员、记账人员、会计机构负责人、会计主管人员签名或者盖章。收款和付款记账凭证还应当由出纳人员签名或者盖章。

以自制的原始凭证或者原始凭证汇总表代替记账凭证的，也必须具备记账凭证应有的项目。

（二）填制记账凭证时，应当对记账凭证进行连续编号。一笔经济业务需要填制两张以上记账凭证的，可以采用分数编号法编号。

（三）记账凭证可以根据每一张原始凭证填制，或者根据若干张同类原始凭证汇总填制，也可以根据原始凭证汇总表填制。但不得将不同内容和类别的原始凭证汇总填制在一张记账凭证上。

（四）除结账和更正错误的记账凭证可以不附原始凭证外，其他记账凭证必须附有原始凭证。如果一张原始凭证涉及几张记账凭证，可以把原始凭证附在一张主要的记账凭证后面，并在其他记账凭证上注明附有该原始凭证的记账凭证的编号或者附原始凭证复印机。

一张原始凭证所列支出需要几个单位共同负担的，应当将其他单位负担的部分，开给对方原始凭证分割单，进行结算。原始凭证分割单必须具备原始凭证的基本内容：凭证名称、填制凭证日期、填制凭证单位名称或者填制人姓名、经办人的签名或者盖章、接受凭证单位名称、经济业务内容、数量、单价、金额和费用分摊情况等。

（五）如果在填制记账凭证时发生错误，应当重新填制。

已经登记入账的记账凭证，在当年内发现填写错误时，可以用红字填写一张与原内容相同的记账凭证，在摘要栏注明“注销某月某日某号凭证”字样，同时再用蓝字重新填制一张正确的记账凭证，注明“订正某月某日某号凭证”字样。如果会计科目没有错误，只是金额错误，也可以将正确数字与错误数字之间的差额，另编一张调整的记账凭证，调增金额用蓝字，调减金额用红字。发现以前年度记账凭证有错误的，应当用蓝字填制一张更正的记账凭证。

（六）记账凭证填制完经济业务事项后，如有空行，应当自金额栏最后一笔金额数字下的空行处至合计数上的空行处划线注销。

第五十二条　填制会计凭证，字迹必须清晰、工整，并符合下列要求：

（一）阿拉伯数字应当一个一个地写，不得连笔写。阿拉伯金额数字前面应当书写货币币种符号或者货币名称简写和币种符号。币种符号与阿拉伯金额数字之间不得留有空白。凡阿拉伯数字前写有币种符号的，数字后面不再写货币单位。

（二）所有以元为单位（其他货币种类为货币基本单位，下同）的阿拉伯数字，除表示单价等情况外，一律填写到角分；元角分的，角位和分位可写“00”，或者符号“——”；有角无分的，分位应当写“0”，不得用符号“——”代替。

（三）汉字大写数字金额如零、壹、贰、叁、肆、伍、陆、柒、捌、玖、拾、佰、仟、万、亿等，一律用正楷或者行书体书写，不得用0、一、二、三、四、五、六、七、八、九、十等简化字代替，不得任意自造简化字。大写金额数字到元或者角为止的，在“元”或者“角”字之后应当写“整”字或者“正”字；大写金额数字有分的，分字后面不写“整”或者“正”字。

（四）大写金额数字前未印有货币名称的，应当加填货币名称，货币名称与金额数字之间不得留有空白。

（五）阿拉伯金额数字中间有“0”时，汉字大写金额要写“零”字；阿拉伯数字金额中间连续有几个“0”时，汉字大写金额中可以只写一个“零”字；阿拉伯金额数字元位是“0”，或者数字中间连续有几个“0”、元位也是“0”但角位不是“0”时，汉字大写金额可以只写一个“零”字，也可以不写“零”字。

第五十三条　实行会计电算化的单位，对于机制记账凭证，要认真审核，做到会计科目使用正确，数字准确无误。打印出的机制记账凭证要加盖制单人员、审核人员、记账人员及会计机构负责人、会计主管人员印章或者签字。

第五十四条 各单位会计凭证的传递程序应当科学、合理，具体办法由各单位根据会计业务需要自行规定。

第五十五条 会计机构、会计人员要妥善保管会计凭证。

（一）会计凭证应当及时传递，不得积压。

（二）会计凭证登记完毕后，应当按照分类和编号顺序保管，不得散乱丢失。

（三）记账凭证应当连同所附的原始凭证或者原始凭证汇总表，按照编号顺序，折叠整齐，按期装订成册，并加具封面，注明单位名称、年度、月份和起讫日期、凭证种类、起讫号码，由装订人在装订线封签外签名或者盖章。

对于数量过多的原始凭证，可以单独装订保管，在封面上注明记账凭证日期、编号、种类，同时在记账凭证上注明“附件另订”和原始凭证名称及编号。

各种经济合同、存出保证金收据以及涉外文件等重要原始凭证，应当另编目录，单独登记保管，并在有关的记账凭证和原始凭证上相互注明日期和编号。

（四）原始凭证不得外借，其他单位如因特殊原因需要使用原始凭证时，经本单位会计机构负责人、会计主管人员批准，可以复制。向外单位提供的原始凭证复制件，应当在专设的登记簿上登记，并由提供人员和收取人员共同签名或者盖章。

（五）从外单位取得的原始凭证如有遗失，应当取得原开出单位盖有公章的证明，并注明原来凭证的号码、金额和内容等，由经办单位会计机构负责人、会计主管人员和单位领导人批准后，才能代作原始凭证。如果确实无法取得证明的，如火车、轮船、飞机票等凭证，由当事人写出详细情况，由经办单位会计机构负责人、会计主管人员和单位领导人批准后，代作原始凭证。

第三节　登记会计账簿

第五十六条 各单位应当按照国家统一会计制度的规定和会计业务的需要设置会计账簿。会计账簿包括总账、明细账、日记账和其他辅助性账簿。

第五十七条 现金日记账和银行存款日记账必须采用订本式账簿。不得用银行对账单或者其他方法代替日记账。

第五十八条 实行会计电算化的单位，用计算机打印的会计账簿必须连续编号，经审核无误后装订成册，并由记账人员和会计机构负责人、会计主管人员签字或者盖章。

第五十九条 启用会计账簿时，应当在账簿封面上写明单位名称和账簿名称。在账簿扉页上应当附启用表，内容包括：启用日期、账簿页数、记账人员和会计机构负责人、会计主管人员姓名，并加盖名章和单位公章。记账人员或者会计机构负责人、会计主管人员调动工作时，应当注明交接日期、接办人员或者监交人员姓名，并由交接双方人员签名或者盖章。启用订本式账簿，应当从第一页到最后一页顺序编定页数，不得跳页、缺号。使用活页式账页，应当按账户顺序编号，并须定期装订成册。装订后再按实际使用的账页顺序编定页码。另加目录，记明每个账户的名称和页次。

第六十条 会计人员应当根据审核无误的会计凭证登记会计账簿。登记账簿的基本要求是：

（一）登记会计账簿时，应当将会计凭证日期、编号、业务内容摘要、金额和其他有关资料逐项记入账内；做到数字准确、摘要清楚、登记及时、字迹工整。

（二）登记完毕后，要在记账凭证上签名或者盖章，并注明已经登账的符号，表示已经记账。

（三）账簿中书写的文字和数字上面要留有适当空格，不要写满格；一般应占格距的二分之一。

（四）登记账簿要用蓝黑墨水或者碳素墨水书写，不得使用圆珠笔（银行的复写账簿除外）或者铅笔书写。

（五）下列情况，可以用红色墨水记账：

1. 按照红字冲账的记账凭证，冲销错误记录；
2. 在不设借贷等栏的多栏式账页中，登记减少数；
3. 在三栏式账户的余额栏前，如未印明余额方面的，在余额栏内登记负数余额；
4. 根据国家统一会计制度的规定可以用红字登记的其他会计记录。

（六）各种账簿按页次顺序连续登记，不得跳行、隔页。如果发生跳行、隔页，应当将空行、空页划线注销，或者注明"此行空白"、"此页空白"字样，并由记账人员签名或者盖章。

（七）凡需要结出余额的账户，结出余额后。应当在"借或贷"等栏内写明"借"或者"贷,'等字样。没有余额的账户，应当在"借或贷"等栏内写"平"字，并在余额栏内用"Q"表示。

现金日记账和银行存款日记账必须逐日结出余额。

（八）每一账页登记完毕结转下页时，应当结出本页合计数及余额，写在本页最后一行和下页第一行有关栏内，并在摘要栏内注明"过次页"和"承前页"字样；也可以将本页合计数及金额只写在下页第一行有关栏内，并在摘要栏内注明"承前页"字样。

对需要结计本月发生额的账户，结计"过次页"的本页合计数应当为自本月初起至本页末止的发生额合计数；对需要结计本年累计发生额的账户，结计"过次页"的本页合计数应当为自年初起至本页末止的累计数；对既不需要结计本月发生额也不需要结计本年累计发生额的账户，可以只将每页末的余额结转次页。

第六十一条 实行会计电算化的单位，总账和明细账应当定期打印。

发生收款和付款业务的，在输入收款凭证和付款凭证的当天必须打印出现金日记账和银行存款日记账，并与库存现金核对无误。

第六十二条 账簿记录发生错误，不准涂改、挖补、刮擦或者用药水消除字迹，不准重新抄写，必须按照下列方法进行更正：

（一）登记账簿时发生错误，应当将错误的文字或者数字划红线注销，但必须使原有字迹仍可辨认；然后在划线上方填写正确的文字或者数字，并由记账人员在更正处盖章。对于错误的数字，应当全部划红线更正，不得只更正其中的错误数字。对于文字错误，可只划去错误的部分。

（二）由于记账凭证错误而使账簿记录发生错误，应当按更正的记账凭证登记账簿。

第六十三条 各单位应当定期对会计账簿记录的有关数字与库存实物、货币资金、有价证券、往来单位或者个人等进行相互核对，保证账证相符、账账相符、账实相符。对账工作每年至少进行一次。

（一）账证核对。核对会计账簿记录与原始凭证、记账凭证的时间、凭证字号、内容、金额是否一致，记账方向是否相符。

（二）账账核对。核对不同会计账簿之间的账簿记录是否相符，包括：总账有关账户的余额核对，总账与明细账核对，总账与日记账核对，会计部门的财产物资明细账与财产物资保管和使用部门的有关明细账核对等。

（三）账实核对。核对会计账簿记录与财产等实有数额是否相符。包括：现金日记账账面余额与现金实际库存数相核对；银行存款日记账账面余额定期与银行对账单相核对；各种财物明细账账面余额与财物实存数额相核对；各种应收、应付款明细账账面余额与有关债务、债权单位或者个人核对等。

第六十四条 各单位应当按照规定定期结账。

（一）结账前，必须将本期内所发生的各项经济业务全部登记入账。

（二）结账时，应当结出每个账户的期末余额。需要结出当月发生额的，应当在摘要栏内注明"本月合计"字样，并在下面通栏划单红线。需要结出本年累计发生额的，应当在摘要栏内注明"本年累计"字样，并在下面通栏划单红线；12 月末的"本年累计"就是全年累计发生额。全年累计发生额下面应当通栏划双红线。年度终了结账时，所有总账账户都应当结出全年发生额和年末余额。

（三）年度终了，要把各账户的余额结转到下一会计年度，并在摘要栏注明"结转下年"字样；在下一会计年度新建有关会计账簿的第一行余额栏内填写上年结转的余额，并在摘要栏注明"上年结转"字样。

第四节　编制财务报告

第六十五条 各单位必须按照国家统一会计制度的规定，定期编制财务报告。

财务报告包括会计报表及其说明。会计报表包括会计报表主表、会计报表附表、会计报表附注。

第六十六条 各单位对外报送的财务报告应当根据国家统一会计制度规定的格式和要求编制。

单位内部使用的财务报告，其格式和要求由各单位自行规定。

第六十七条　会计报表应当根据登记完整、核对无误的会计账簿记录和其他有关资料编制，做到数字真实、计算准确、内容完整、说明清楚。

任何人不得篡改或者授意、指使、强令他人篡改会计报表的有关数字。

第六十八条 会计报表之间、会计报表各项目之间，凡有对应关系的数字，应当相互一致。本期会计报表与上期会计报表之间有关的数字应当相互衔接。如果不同会计年度会计报表中各项目的内容和核算方法有变更的，应当在年度会计报表中加以说明。

第六十九条 各单位应当按照国家统一会计制度的规定认真编写会计报表附注及其说明，做到项目齐全，内容完整。

第七十条 各单位应当按照国家规定的期限对外报送财务报告。

对外报送的财务报告，应当依次编定页码，加具封面，装订成册，加盖公章。封面上应当注明：单位名称，单位地址，财务报告所属年度、季度、月度，送出日期，并由单位领导人、总会计师、会计机构负责人、会计主管人员签名或者盖章。

单位领导人对财务报告的合法性、真实性负法律责任。

第七十一条 根据法律和国家有关规定应当对财务报告进行审计的，则务报告编制单位应当先行委托注册会计师进行审计，并将注册会计师出具的审计报告随同财务报告按照规定的期限报送有关部门。

第七十二条 如果发现对外报送的财务报告有错误，应当及时办理更正手续。除更正本单位留存的财务报告外，并应同时通知接受财务报告的单位更正。错误较多的，应当重新编报。

第四章　会计监督

第七十三条　各单位的会计机构、会计人员对本单位的经济活动进行会计监督。

第七十四条　会计机构、会计人员进行会计监督的依据是：

（一）财经法律、法规、规章；

（二）会计法律、法规和国家统一会计制度；

（三）各省、自治区、直辖市财政厅（局）和国务院业务主管部门根据《中华人民共和国会计法》和国家统一会计制度制定的具体实施办法或者补充规定；

（四）各单位根据《中华人民共和国会计法》和国家统一会计制度制定的单位内部会计管理制度；

（五）各单位内部的预算、财务计划、经济计划、业务计划

第七十五条　会计机构、会计人员应当对原始凭证进行审核和监督。

对不真实、不合法的原始凭证，不予受理。对弄虚作假、严重违法的原始凭证，在不予受理的同时，应当予以扣留，并及时向单位领导人报告，请求查明原因，追究当事人的责任。

对记载不明确、不完整的原始凭证，予以退回，要求经办人员更正、补充。

第七十六条　会计机构、会计人员对伪造、变造、故意毁灭会计账簿或者账外设账行为，应当制止和纠正；制止和纠正无效的，应当向上级主管单位报告，请求作出处理。

第七十七条　会计机构、会计人员应当对实物、款项进行监督，督促建立并严格执行财产清查制度。发现账簿记录与实物、款项不符时，应当按照国家有关规定进行处理。超出会计机构、会计人员职权范围的，应当立即向本单位领导报告，请求查明原因，作出处理。

第七十八条　会计机构、会计人员对指使、强令编造、篡改财务报告行为，应当制止和纠正；制止和纠正无效的，应当向上级主管单位报告，请求处理。

第七十九条　会计机构、会计人员应当对财务收支进行监督。

（一）对审批手续不全的财务收支，应当退回，要求补充、更正。

（二）对违反规定不纳入单位统一会计核算的财务收支，应当制止和纠正。

（三）对违反国家统一的财政、财务、会计制度规定的财务收支，不予办理。

（四）对认为是违反国家统一的财政、财务、会计制度规定的财务收支。应当制止和纠正；制止和纠正无效的，应当向单位领导人提出书面意见请求处理。单位领导人应当在接到书面意见起十日内作出书面决定，并对决定承担责任。

（五）对违反国家统一的财政、财务、会计制度规定的财务收支，不予制止和纠正，又不向单位领导人提出书面意见的；也应当承担责任。

（六）对严重违反国家利益和社会公众利益的财务收支，应当向主管单位或者财政、审计、税务机关报告。

第八十条　会计机构、会计人员对违反单位内部会计管理制度的经济活动，应当制止和纠正；制止和纠正无效的，向单位领导人报告，请求处理。

第八十一条　会计机构、会计人员应当对单位制定的预算、财务计划、经济计划、业务计划的执行情况进行监督。

第八十二条　各单位必须依照法律和国家有关规定接受财政、审计、税务等机关的监督，如实提供会计凭证、会计账簿、会计报表和其他会计资料以及有关情况、不得拒绝、隐匿、谎报。

第八十三条 按照法律规定应当委托注册会计师进行审计的单位，应当委托注册会计师进行审计，并配合注册会计师的工作，如实提供会计凭证、会计账簿、会计报表和其他会计资料以及有关情况，不得拒绝、隐匿、谎报；不得示意注册会计师出具不当的审计报告。

第五章 内部会计管理制度

第八十四条 各单位应当根据《中华人民共和国会计法》和国家统一会计制度的规定，结合单位类型和内容管理的需要，建立健全相应的内部会计管理制度。

第八十五条 各单位制定内部会计管理制度应当遵循下列原则：

（一）应当执行法律、法规和国家统一的财务会计制度。

（二）应当体现本单位的生产经营、业务管理的特点和要求。

（三）应当全面规范本单位的各项会计工作，建立健全会计基础，保证会计工作的有序进行。

（四）应当科学、合理，便于操作和执行。

（五）应当定期检查执行情况。

（六）应当根据管理需要和执行中的问题不断完善。

第八十六条 各单位应当建立内部会计管理体系。主要内容包括：单位领导人、总会计师对会计工作的领导职责；会计部门及其会计机构负责人、会计主管人员的职责、权限；会计部门与其他职能部门的关系；会计核算的组织形式等。

第八十七条 各单位应当建立会计人员岗位责任制度。主要内容包括：会计人员的工作岗位设置；备会计工作岗位的职责和标准；各会计工作岗位的人员和具体分工；会计工作岗位轮换办法；对各会计工作岗位的考核办法。

第八十八条 各单位应当建立账务处理程序制度。主要内容包括：会计科目及其明细科目的设置和使用；会计凭证的格式、审核要求和传递程序；会计核算方法；会计账簿的设置；编制会计报表的种类和要求；单位会计指标体系。

第八十九条 各单位应当建立内部牵制制度。主要内容包括：内部牵制制度的原则；组织分工；出纳岗位的职责和限制条件；有关岗位的职责和权限。

第九十条 各单位应当建立稽核制度。主要内容包括：稽核工作的组织形式和具体分工；稽核工作的职责、权限；审核会计凭证和复核会计账簿、会计报表的方法。

第九十一条 各单位应当建立原始记录管理制度。主要内容包括：原始记录的内容和填制方法；原始记录的格式；原始记录的审核；原始记录填制人的责任；原始记录签署；传递、汇集要求。

第九十二条 各单位应当建立定额管理制度。主要内容包括：定额管理的范围；制定和修订定额的依据、程序和方法；定额的执行；定额考核和奖惩办法等。

第九十三条 各单位应当建立计量验收制度。主要内容包括：计量检测手段和方法；计量验收管理的要求；计量验收人员的责任和奖惩办法。

第九十四条 各单位应当建立财产清查制度。主要内容包括：财产清查的范围；财产清查的组织；时产清查的期限和方法；对财产清查中发现问题的处理办法；对财产管理人员的奖惩办法。

第九十五条 各单位应当建立财务收支审批制度。主要内容包括：财务收支审批人员和审批权限；财务收支审批程序；财务收支审批人员的责任。

第九十六条　实行成本核算的单位应当建立成本核算制度。主要内容包括：成本核算的对象；成本核算的方法和程序；成本、分析等。

第九十七条　各单位应当建立财务会计分析制度。主要内容包括：财务会计分析的主要内容；财务会计分析的基本要求和组织程序；财务会计分析的具体方法；财务会计分析报告的编写要求等。

第六章　附　则

第九十八条　本规范所称国家统一会计制度，是指由财政部制定、或者财政部与国务院有关部门联合制定、或者经财政部审核批准的在全国范围内统一执行的会计规章、准则、办法等规范性文件。

本规范所称会计主管人员，是指不设置会计机构、只在其他机构中设置专职会计人员的单位行使会计机构负责人职权的人员。

本规范第三章第二节和第三节关于填制会计凭证、登记会计账簿的规定，除特别指出外，一般适用于手工记账。实行会计电算化的单位，填制会计凭证和登记会计账簿的有关要求，应当符合财政部关于会计电算化的有关规定。

第九十九条　各省、自治区、直辖市财政厅（局）、国务院各业务主管部门可以根据本规范的原则，结合本地区、本部门的具体情况，制定具体实施办法，报财政部备案。

第一百条　本规范由财政部负责解释、修改。

第一百零一条　本规范自公布之日起实施。1984 年 4 月 24 日财政部发布的《会计人员工作规则》同时废止。